Peter Dyckhoff

Ruhe finden in dir

Peter Dyckhoff

Ruhe finden in dir

Gebete

Bibliografische Information: Deutsche Nationalbibliothek.
Die Deutsche Nationalbibliothek verzeichnet diese Publikation in der Deutschen Nationalbibliografie; detaillierte bibliografische Daten sind im Internet über http://dnb.de abrufbar.

2. Auflage 2020

Hauptstr. 22, D-88353 Kißlegg
www.fe-medien.de

ISBN 978-3-86357-271-6

Satz: SATZstudio Josef Pieper, Bedburg-Hau
Umschlaggestaltung: Finken & Bumiller, Stuttgart
Druck: Friedrich Pustet, Regensburg
Printed in EU

Inhalt

II. Teil
Weg und Begegnung

III. Teil
Mein Leben erhält Sinn

IV. Teil
Eins werden mit dir

Zur Einführung

ES KAM SEHR HÄUFIG VOR, dass ich als junger Mensch nicht wusste, wie es in meinem Leben weitergehen würde. Ich habe dann gebetet, aber die Gebete endeten alle mit einem Fragezeichen. Jahrzehnte später – mein Leben hat sich mehrmals grundlegend geändert – standen nicht mehr so viele Fragezeichen am Ende meiner Gebete. Viele Fragen hat mir das Leben beantwortet, mehr noch der Schöpfer durch seine Geschöpfe und die Zeichen, die er mir auf meinen Lebensweg stellte. Um seine leise Sprache in und außerhalb von mir zu verstehen, um überhaupt eine Ahnung zu bekommen, dass Gott mich liebt und er auch heute Wunder der Wandlung vollbringt, war und ist für mich die Feier der Eucharistie und der Sakramente eine notwendige Voraussetzung.

Das Gebetbuch *Ruhe finden in dir* vollzieht den Weg nach, den ich gegangen bin und den ich geführt wurde. Es ist eine Einladung, sich auf den Weg des Glaubens zu begeben, der mit unseren menschlichen Fragen beginnt und in die göttliche Ruhe und Liebe führt.

EINE BEGEBENHEIT in meinem Leben trug wesentlich dazu bei, dass ich daran gehindert wurde, meinen Gefühlen und spontanen Worten – auch im Gebet – freien Lauf zu lassen. Das Ruhegebet hat diese verschlossene Tür wieder geöffnet, sodass ich die Worte in *Ruhe finden in dir* bedenkenlos aus meinem Herzen entlassen konnte.

Ganz in der Nähe meines Elternhauses in Rheine (Westfalen) liegt das Mathias-Spital. Noch Jahre nach dem Zweiten Weltkrieg sah man die großen auf die Dächer gemalten »Roten Kreuze«. Von meinem Zimmerfenster aus konnte ich sie sehen, doch sie verblassten von Jahr zu Jahr immer mehr. Da mein Großvater Mitbegründer dieses Krankenhauses war und zeitlebens Mitglied des Kuratoriums, hatte unsere Familie eine besondere Beziehung zum Mathias-Spital und den Clemensschwestern, die dort tätig waren.

Ich muss vier oder fünf Jahre alt gewesen sein, als Mutter mich im Krieg täglich mitnahm ins Krankenhaus, wo sie verwundete Soldaten betreute. Bewegt hatte sie zu Hause von den einzelnen Schicksalen der Soldaten gesprochen, dem Wunsch, noch einmal ihre Familien wiederzusehen, der Angst vor dem Krieg und dem Tod. Oft verstand ich es nicht, wenn ich vor einem Zimmer auf dem Flur warten musste, während Mutter das Krankenzimmer betrat. Doch sie wusste, warum! Wenn nicht gerade eine freundliche Ordensschwester zu mir kam und mit mir sprach, schaute ich mir die blühenden Blumen auf den Fensterbänken an. Aus der Mitte grüner Blätter – sie sahen aus wie Säbel, die sich übereinander nach außen schoben – wuchs ein Stiel, der glockenartige rote Blüten entfaltete. Manchmal lag eine abgefallene Blüte auf der Fensterbank neben dem massiven Blumentopf. Die Blumen waren größer als die, die Mutter zu Hause hatte.

Ungefähr zehn Jahre später, der Krieg war zu Ende und ich besuchte das Gymnasium Dionysianum, ließ die Deutschlehrerin einen Klassenaufsatz schreiben mit dem Thema »Frühe Eindrücke, die mein Leben mitbestimmt haben«. Ich dachte bei der Erstellung der Stoffsammlung zurück an unschöne Jahre während des Krieges und an die Begegnung mit verwundeten Soldaten im Mathias-Spital. Und dann fielen mir die Clivien ein mit ihren rot-orangefarbenen Blüten, vor denen ich oft gewartet hatte, wenn Mutter allein in ein Krankenzimmer gehen wollte. Ich hatte mein Thema gefunden und verknüpfte – wie konnte es anders sein – meine früheren Erlebnisse aus dem Krieg mit meinen Gedanken.

In meinem Aufsatz ließ ich einen jungen Soldaten sterben – obwohl Mutter früher immer darauf geachtet hatte, dass ich in diesen Momenten nicht anwesend war. Als Symbol des Todes nahm ich eine verwelkte Blüte der Clivia, die in der Nacht auf den Boden des Flures vom Krankenhaus gefallen war. Die Schicksalsgeschichte des todkranken jungen Soldaten setzte ich aus vielen kleinen Segmenten zusammen, die ich während der Kriegsjahre von Mutter gehört hatte. Als ich zur festgesetzten Zeit den Klassenaufsatz abgeben musste, hatte ich ein so gutes Gefühl und Freude wie selten in der Schule.

Wie bitter und schmerzlich enttäuscht war ich jedoch, als wir die Aufsätze mit entsprechenden Kommentaren der Lehrerin zurückbekamen. Das Gefühl, mich zutiefst mit meiner Geschichte eingebracht und identifiziert zu haben – durchaus nicht, um eine gute Note zu erreichen – wurde von ihr gänzlich zerstört, als sie meinen Aufsatz in der Weise kommentierte, dass er zu gefühlvoll und anrührend sei. Sie lachte dabei ein wenig – und das tat am meisten weh.

Seit dieser für mich großen Enttäuschung habe ich mich gefühlsmäßig sehr zurückgehalten – und das nicht nur in der Schule. Heimlich schrieb ich zwar noch einige Gedichte, dann aber gab ich vorerst jegliches Schreiben auf.

Zu diesem Buch

RUHE FINDEN IN DIR besteht aus persönlichen Gebeten, die einen Glaubensweg darstellen, der mit einer im Herzen gefühlten großen Unruhe beginnt. Über die Verwurzelung in Christus und das Aneignen seiner Nachfolge führt der Weg in die Anbetung und ins Schweigen.

Im ersten Teil des Buches lässt der Betende seine unerfüllte Sehnsucht zu und trägt sie zusammen mit seinen anderen Unvollkommenheiten, Fehlern und Vergehen vor Gott, den er in immer neuen Lebenssituationen um Hilfe anfleht. Der so Klagende und zu Gott Rufende bekommt allmählich eine Ahnung davon, dass Gott ihn zwar hört, ihn aber nicht immer sofort erhört.

Wer betet, bleibt trotz des schmerzhaften Aufbruchs, trotz vieler unbeantworteter Fragen, Unsicherheiten und Zweifel im Gespräch mit Jesus Christus, den er als »Herr« anredet. Ohne dass er über Maria, die Mutter des Herrn, spricht, ist sie ihm Vorbild im Glauben, indem sie sich in einem fortwährenden Dialog mit Gott befindet. Selbst als der Engel Gabriel ihr anscheinend Unmögliches berichtet und ankündigt, bricht Maria das Gespräch mit dem Engel und damit mit Gott nicht ab. Der Betende hält sich treu und voll Hoffnung an diesen gelungensten Dialog Gottes mit einem Menschen und unterbricht ihn auch dann nicht, wenn er zweifelt und keinen Schritt weiterzugehen wagt.

Da er die Sehnsucht nach Gott in sich zulässt und die Suche nach ihm nicht aufgibt, habe ich diesen ersten Schritt *Sehnsucht und Suche* genannt. Die Sehnsucht des reichen Jünglings im Evangelium war so stark, dass er sich aufmachte, Jesus zu suchen. Als er jedoch Jesus auf seinem Weg begegnete und mit ihm ein Gespräch führte, waren die Anforderungen Jesu für ihn derart hoch, dass er sie nicht erfüllen konnte. Der reiche Jüngling – weil er es bisher nicht gelernt hatte, loszulassen – brach von sich aus den Dialog mit Jesus ab und ging traurig fort.

Der Betende jedoch, der seinen eigenen Weg finden möchte, hält unter jeglichen Umständen durch und führt das Gespräch betend mit dem Herrn weiter. Aus seinen Gebetsworten wird offenbar, dass der Herr ihm auf geheimnisvolle Weise antwortet und er diese leise Sprache Gottes immer besser versteht.

Der zweite Teil dieser Gebete heißt daher *Weg und Begegnung*. Der Gott Suchende hat Einblick in den rechten Weg nehmen dürfen und erkannt, dass ihn einzig und allein die Demut und die Hingabe zur Begegnung mit dem Herrn führen – der Erfüllung seiner Sehnsucht. Die Wahl der Worte ist wesentlich feinfühliger und der Inhalt der Gebete drückt vornehmlich Dank und Gottesliebe aus.

Der wie Maria im Gespräch mit Gott Bleibende macht tiefgreifende Glaubenserfahrungen. Die wesentlichste für ihn ist, dass sein Leben Sinn erhält, ein bleibendes Fundament, und dass er in Christus verwurzelt ist. Bei allem menschlichen Auf und Ab geht ihm eines nicht verloren: der Glaube, die Hoffnung und die Liebe zu Christus. Der Betende drückt seine Gotteserfahrung aus, indem er sagt: »Du hast meine Seele berührt und alles erhält Sinn.«

Der dritte Teil des Zu-Gott-Sprechens ist daher überschrieben *Mein Leben erhält Sinn*. Die Sehnsucht jedoch, sich noch tiefer und dauerhaft in Gott zu verankern, bleibt. Der Betende spürt, dass es nicht mehr *sein* Weg ist, auf dem ihn Jesus Christus begleitet, sondern sein Weg ist bereits in die Nachfolge Christi übergegangen und somit zum Weg Christi geworden. Die Sprache stößt hier an ihre Grenzen, wenn der noch menschlich fassbare Weg übergeht in einen mystischen Weg. Der Mensch hat nunmehr den einen Wunsch: eins zu werden mit Jesus Christus.

Der vierte Teil *Eins werden mit dir* versucht dieses ansatzweise in Worte zu fassen, wobei das Geheimnis des Glaubens, der Tod und die Auferstehung Jesu Christi und das allerheiligste Sakrament im Mittelpunkt eines jeden Gebets stehen. Über und durch das Sakrament der Liebe Gottes, die heilige Kommunion, schwinden die vielen Gebetsworte und leiten die schweigende

Anbetung ein. Die Seele steht staunend vor der höchsten und ewigen Liebe, fest verwurzelt in Christus, entzündet vom Feuer des Heiligen Geistes, der wiederum Liebe ist.

In der mystischen Tradition des Christentums sind die Schritte, die im zweiten bis vierten Teil des Buches gegangen werden, auch als »Reinigung« *(purificatio),* »Erleuchtung« *(illuminatio)* und »Vereinigung« *(unio)* bezeichnet worden. In diese dreifache Bewegung auf dem Weg des Glaubens und der Nachfolge Christi möchte Sie dieses Gebetbuch einladen.

Ruhe finden in dir ist auch ein Exerzitienbuch, das uns betend mit zwei oder drei Texten am Tag sowohl tiefer in unseren Glauben als auch schrittweise näher zu Gott führen kann. Der Betende wird da abgeholt, wo er steht und lernt, sich Gott gegenüber vertrauensvoll zu öffnen, um seine entgegenkommende Liebe zu empfangen.

Die eingestreuten 35 Zeichnungen von Rembrandt unterstreichen die einzelnen Gebetstexte.

Wenn Sie diesen Gebetsweg gehen, so möge er in allem, was er mit sich bringt, gesegnet sein!

Peter Dyckhoff

I. Teil
Sehnsucht und Suche

Aufbruch

Mein Herr und mein Gott,
alle, denen du mein Leben anvertraut hast,
haben meine Religiosität mitgeformt.
Und jetzt, wo ich auf eigenen Füßen stehe,
muss ich erkennen, wie weit entfernt
meine Seele von dir ist.

Hier ist das aktive Leben, in dem ich stehe,
und dort, irgendwo vielleicht bist du,
ohne dass ich dich erreichen kann.
Ich spüre eine versteckte Sehnsucht in mir,
die keinen bestimmten Menschen betrifft,
so lieb mir auch viele Menschen sind.
Unruhe lässt mich nach etwas suchen,
von dem ich nichts weiß, nur etwas ahne.

Bist du es, mein Herr und mein Gott,
der diese Unruhe in mein Herz gesenkt hat?
Ich tue täglich meine Arbeit und mein Werk.
Und trotzdem erhebt sich eine Unruhe in mir,
ein Unvermögen, ein Mangel an Liebe,
der mich unaufhaltsam fortreißt wie ein Sog.

Fragen an dich

Ich möchte der Mittelmäßigkeit entfliehen,
doch weiß ich nicht wie, ohne meiner Familie
und anderen Menschen wehzutun.
Ein Panzer legt sich um meine Brust
und raubt mir die Luft zum Atmen.
Verschlossen droht meine Seele zu ersticken.

Wer bist du, dass du mich diese Wege führst?
Bin ich es selbst, der ohne dich aufbricht?
Wo bist du, Herr? Und wer bin ich selbst?
Lass mich dich an meiner Seite spüren,
wenn schon nicht im Innersten meines Selbst.
Oder wohnst du in mir, ohne dass ich es weiß?

Ich möchte aus der Enge ausbrechen
und einmal und immer Wesentliches tun,
um darin dein göttliches Wesen zu spüren.
Nichts als Langeweile hat mich erfüllt
und mein Herz und meine Seele verschattet.
Komm und belichte dein Bild in ihr wieder.

Was sind meine Bestimmung und mein Ziel?
Weder Mühe noch Aufwand traf ich für dich,
noch habe ich mich in Gefahren bewährt.
Meine Innerlichkeit ist voll Unrat und trocken.
Du hast Menschen in deinen Dienst gerufen.
Wo sind sie, die statt Leistung Liebe erwarten?

Suche wonach?

Tage und Nächte, Nächte und Tage vergehen
und nichts verändert sich in meinem Leben.
Die Nachfolge Christi ist für mich unfassbar.
Warum, Herr, machst du es mir so schwer,
deinen Ruf zu hören und dir zu folgen?
Tue ich von mir aus den ersten Schritt,
sagt mir niemand, ob es der richtige ist.
An mir zweifelnd kehre ich um,
das neue Wagnis ist wieder vertan.

Hilf mir, die Sprache der Seele zu verstehen.
Sie ist mir so fern und doch gehört sie zu mir.
Wenn ich nur hören könnte, was du sprichst!
Meine Freude wäre groß und ich täte alles,
um deinem Willen zu entsprechen und dir
bedenkenlos und für immer zu folgen.

Der weglose Weg

Das Ziel meines Weges ist das Reich Gottes.
Doch das nächste Ziel für Heute und Morgen?
Weglos bin ich auf meiner Wanderschaft,
ich sehe und spüre kein Fortkommen.
Die endlosen Mühen ermüden mich,
und der vielen Worte bin ich überdrüssig.

Die Geografie meines Lebens ist verworren,
ihr fehlt Geradlinigkeit und Orientierung.
Bin ich zu stolz, ausgetretene Pfade zu gehen,
zu eigenwillig, über Brücken zu schreiten,
die ich selbst nicht gebaut habe?

Herr, du bist Weg, Wahrheit und Leben
und führst mich auch über Abgründe zum Ziel.
Ziehe mich empor aus meinen Verstrickungen
und befreie mich von meinen Abhängigkeiten.
Nimm meine Hände, führe mich deinen Weg.

Sehnsucht

Herr, ich muss nochmals vor dir klagen,
um mich zu erleichtern und mich zu befreien.
Du sagst: *Selig, die rein sind im Herzen,*
denn sie werden Gott schauen.
Meine Sehnsucht ist es, dir näherzukommen,
doch ein reines Herz, wenn es dies gibt,
das wirst du vergeblich bei mir suchen.

Meine Gefühle, Gedanken, Worte und Taten
sind weniger gut und oft sogar schlecht.
Ich merke, und das ist das Schlimme an allem,
diese Abläufe und Zusammenhänge erst,
wenn sie auf Kosten anderer ausgedrückt sind.

Sag mir: Wie und wo soll ich beginnen?
Mit Gewalt lieben kann ich dich nicht.
Steht mir wirklich einmal ein Ziel vor Augen,
zu schnell verliert und verflüchtigt es sich,
denn es lebt nicht in meinem Herzen,
das immer wieder in alle Richtungen drängt.

Durch Mangel an Liebe werde ich leer,
sinnlos wird mein Arbeiten und jegliches Tun.

Erfüllung, Freude und Erfolg sind mir fremd,
es sind hohle Worte ohne Wirklichkeit.
Das Halten der Gebote, das ich versuche,
hat mich dir kein Stück nähergebracht.

Mein Geist ist unruhig, zieht ständig weiter,
ist fragend in Bewegung, doch ohne Halt,
und nichts gibt es, worauf er sich freuen kann.
Jede Stunde ist gefüllt von Veränderlichkeit
und fast alles hinterlässt belastende Spuren.
Ich lebe von einem Augenblick zum anderen,
ohne Tiefe und innerliche Ruhe zu spüren.
Dabei nehme ich eine Last auf mich,
die immer schwerer und tragischer wird.

Du kennst mich, Herr, und du weißt,
wie es um mich und meine Seele steht.
Sie ist gefesselt und ganz und gar unfähig,
sich vom Boden zu dir, Herr, zu erheben.
Von mir wird sie getreten und misshandelt.
Wer kann die um mein Ego kreisenden Kräfte
aufhalten und endlich einmal durchstoßen?
Wer, außer dir, hat Zugang zu meiner Seele,
um sie von Unrat und aller Unruhe zu heilen?
Herr, greife doch endlich ein in mein Leben
und mache dein Du zu seiner Mitte.

Meine Klagen

Herr, diese Worte, die ich vor dir ausspreche,
tun mir in meiner Seele unendlich weh,
doch trotz des Schmerzes entlasten sie mich.
Wie Steine warf ich mein Klagen auf dich
und habe getan, als ob du ihr Urheber seiest.
Um mich zu befreien, habe ich dich verletzt.

Welch unendlichen Schmerz musst du ertragen
bei der Klage, die aus der Welt zu dir dringt!
Und doch rufst du alle Menschen zu dir,
die in ihrem Leben schwere Lasten tragen,
um ihnen Liebe und Ruhe der Seele zu geben.

Werden wir im Leid und im Klagen hellhörig
für deinen Anruf, der täglich an uns ergeht?
Ist es mangelnde Liebe, erfahren zu müssen,
dass tief im Schmerz Unendlichkeit wohnt?
Von meinem Klagen hast du mich befreit,
du hast die schwere Last von mir genommen.
Ich kann es nicht fassen und nicht glauben,
dass dein Wort an mir Wirklichkeit wird.

Geöffnete Hände

Wie oft nur balle ich meine Hände zu Fäusten,
weil ich dieses oder jenes nicht mag.
Selbst Dinge, die mich nur wenig betreffen,
regen mich auf und fesseln die Gedanken.
Ich mische mich ein, ungefragt und vorlaut,
und meine, alles besser zu wissen.

Mit Worten schlage ich zu – verletzend,
und merke nicht, dass ich zugleich spalte.
Wie die Hände und der Körper verkrampfen,
so zieht sich auch mein Inneres zusammen,
es wird undurchlässig, eng und erdrückend.

Wenn ich in Ruhe bei mir selbst ankomme,
möchte ich Gesagtes ungeschehen machen.
Es ungeschehen zu machen, ist nicht möglich.
Herr, bei meinem voreiligen Handeln
habe ich dich ganz aus dem Herzen verloren.
Eine fremde dunkle Kraft drängt sich mir auf,
mein Herz erkaltet und ich vergesse die Liebe.

Du hast niemals die Hände zu Fäusten geballt.
Für alle Menschen, die zu dir kommen,
sind Hände und Herz voll Liebe geöffnet.
Wer es auch sei: Allen händigst du dich aus.
Selbst deinen Mördern begegnest du in Güte,
bist ohne Gewalt und vergibst ihre Schuld.
Vom Kreuz her schenkst du allen Erlösung.
Sieht so, unvorstellbar, die Wirklichkeit aus?

Es liegt mir noch fern ...

Es liegt mir fern, nicht eifersüchtig zu sein,
mich nicht zu freuen über Ungerechtigkeit,
die andere Menschen durch mich erfahren,
nicht zu erstreben, was andere besitzen.

Es liegt mir noch fern, nichts Böses zu denken,
Geduld zu üben, abzuwarten die rechte Zeit,
mich dem Anruf des Herrn sofort zu stellen,
bedenkenlos nach seinem Willen zu handeln
und, ohne zu fliehen, für ihn da zu sein.

Es liegt mir noch fern, den Nächsten zu lieben,
ihn anzuerkennen und ihm gut zu sein
und dabei mich und meine Bedürfnisse
nicht so überaus wichtig zu nehmen.

Es liegt mir noch fern, allein zu sein
und im Zurücknehmen meines Wollens
einfach zu schweigen, die Stille zu üben,
um das Wesen Gottes wirken zu lassen.

Es liegt mir noch fern, Gott anzusprechen
als einen Vertrauten, ihm zu danken,
ihm die Ehre zu geben und zu ihm zu beten,
meine Fehler und meine Schuld zu erkennen
und um Vergebung meiner Sünden zu bitten.

Du sollst …?

Es heißt, ich soll üben: das Beten und Fasten,
das Stillsein und das Lesen der Psalmen,
das häufige Beten des Rosenkranzes
und das Meiden jeglicher Sünde,
das Ablegen der Leidenschaften
und das Aufkommen schlechter Gedanken.

Stellst du, Herr, die Leistung so hoch,
dass sie den Beginn unserer Freundschaft
bereits überlagert und überschattet?
Und es heißt: »Du sollst und du musst
und du darfst nicht vergessen, zu bedenken
und zu beachten, zu tun und zu folgen.«

Wo öffnet sich eine Tür zu dir ins Weite,
in der ich staunend deine Schöpfung betrachte,
ohne gleich etwas tun und leisten zu müssen?
Sag Ja zu mir und dem Weg, den ich suche.

Die Ge- und Verbote, die Sätze, die Dogmen
und all die vielen tausend Register:
Sie alle breiten ein großes Netz über mich,

das meine beginnende Freiheit beschränkt und
die Freude am gelebten Glauben mir nimmt.
Herr, so kannst du es nicht gemeint haben:
Viele Wege sind und bleiben mir verschlossen.

Ahnung und Anfang

Du bist und bleibst zu allen Zeiten derselbe.
Welche Bedeutung hat da mein Gebet für dich,
mein Klagen und Hinterfragen, mein Zweifeln
und Bitten, meine Hoffnung und mein Glaube?

Was sagst du, Herr, zu meinem Schweigen,
das aus Sprachlosigkeit und Staunen entsteht?
Du kennst meine unausgesprochenen Worte:
Was hat es da noch für einen Sinn, sie vor dir
zu bedenken und betend auszusprechen?

Du schweigst und bleibst still ohne ein Wort.
Im Echo meines Gebetes wird mir bewusst,
wie durch meinen liebenden Anruf an dich
mein Inneres leichter und lichtvoller wird
und sich größere Klarheit und Freude einstellt.
Ist dies der Anfang unserer Freundschaft,
nach der ich mich trotz der Bedenken sehne?

Kann ich es fassen: Du bist immer zugegen,
selbst wenn ich dich nur an den Spuren erahne.
Diese sind bleibend und gut für mein Leben.

Werden sie der Anfang des Weges sein,
den du mit mir gehst und mit mir gehen wirst?

Zuerst muss ich bei mir selbst aufräumen,
mich von dem trennen, was ich nicht bin.
Du, Herr, bewegst mich in meinem Inneren,
damit auch ich mich endlich bewege
und dir in meiner Seele eine Wohnstatt bereite.

Unsicherheit

Ein leises Erkennen göttlicher Wirklichkeit
ist zu schwach und lässt mich nicht handeln;
die Brücke über den Abgrund entbehrt noch
guter Berechnung und sorgfältiger Planung.
Der Alltag verschlingt jählings die guten
Gedanken, die Erkenntnisse und Vorsätze.
Zurück bleibt leider ein Chaos aus Zweifeln,
Mutlosigkeit und oftmals Resignation.

Ungeduld vertreibt den Impuls der Begegnung
und schafft Unwirklichkeit inmitten der schon
entstandenen Wahrheit und Wirklichkeit.
Geduld ist in dieser Welt nicht mehr gefragt,
denn Bewegung muss auf Bewegung folgen.
Stillstand ist nicht gefragt und führt zu Verlust.

Es ist nicht die Vernunft, die mich hier leitet,
es sind böse Kräfte, von denen man sagt,
dass sie ins Spiel kommen, um zu spalten.
Wie zweifelnd und klein ist doch mein Glaube,
er ist nicht einmal im Denken – geschweige
denn in meinem Herzen und der Seele.

Doch eines ist da, es ist schwerlich zu nennen.
Es kommt, es geht, doch etwas bleibt immer.
Wird es die Basis bilden oder das Fundament,
das mich über die Leiter aufsteigen lässt?

Wo ist mein Weg?

Die Väter hatten die Väter zum Sprechen.
In der Wüste gab es auch Frauen,
sie waren ebenso voll Weisheit und Gnade.
Ihnen zu vertrauen, brachte hohen Gewinn.
Ihre göttliche Wegweisung entströmte
gotterfüllten und liebenden Herzen.
Der Weg war gezeichnet und die Schüler
mussten nur hören und ihn auch gehen,
aufrecht, Hingabe übend und völlig leer,
um Gnade über Gnade zu empfangen.

Störungen wurden einzeln besprochen,
dämonische Kräfte wurden verbannt
und dunkle und böse Gedanken ertragen
und vor allem zum Ausdruck gebracht.
Liebe, als Reinheit des Herzens verstanden,
führte unweigerlich zum ersehnten Ziel.

Die Worte der Weisung sagen mir viel,
doch wie soll ich aus ihnen heute
die Wahrheit für meinen Alltag erkennen?

Wer beantwortet meine vielen Fragen
und führt mich sicher den geistlichen Weg?
Kein lebendiges Wort strömt mir entgegen.
Wer gibt mir denn liebend die Weisung:
Muss ich mir alles selbst mühsam erdenken?

Herr, den ersten Schritt hast du mit mir getan,
doch frage ich: Wie geht es jetzt weiter?
Hilflos und suchend frag ich dich bittend:
Wo ist mein Weg und wie kann ich ihn gehen?
Gib mir ein Zeichen deiner Liebe und Güte.
Lass mich, Herr, Menschen begegnen,
denen du Weisung für mich aufgetragen hast.

Abtöten?

Viele Menschen haben geistliche Übungen
zu ihrer absoluten Lebensmitte gemacht.
Hast du es gewollt, Herr, fanatisch zu fasten
und selbst bei Krankheit nicht aufzuhören?
Hast du es gewollt, Herr, fanatisch zu beten
und nicht mit dem Gebet aufzuhören,
wenn jemand dringend der Hilfe bedarf?
Hast du es gewollt, Herr, sich abzutöten,
wo du es doch gebietest, Leben zu wahren,
anstatt es zu vernichten und es zu töten?

Diesen extremen Lehren kann ich nicht folgen.
Die Abtöter und Fanatiker glauben sogar,
ihr Tun aus deiner Weisung zu erklären.
Die bloßen Geräte, um eine »Kunst« zu üben,
die Instrumente einer modernen Wissenschaft,
werden ihnen zum Hauptzweck und zum Ziel.
Wo ist das Ziel, das die Freiheit offenbart?
Wo wird es Wirklichkeit, dass du, Herr,
die Menschen zur Freiheit befreist?

Wichtig ist die Weisung des rechten Weges.
Du, Herr, bist ihn gegangen und kennst ihn.
Trotzdem scheinst du von mir zu verlangen,
dich nicht nachzuahmen,
sondern den eigenen Weg selbst zu finden.
Du hast mich auf meine eigenen Füße gestellt.
Hilf mir, den Weg zu finden und ihn zu gehen!

Aktivsein

Da du Aktivsein in den Menschen gelegt hast,
kann dies doch nicht ohne Bedeutung sein.
Einmal jedoch, bei Not, Krankheit und Tod,
wird das Aktivsein äußerlich aufhören,
die Frucht eines guten Tuns jedoch bleibt.
Wer nur einen Becher Wasser zu trinken gibt –
so dein Wort, Herr –, wird nicht leer ausgehen.

Die guten Taten sind es nicht, die ich suche,
denn sie erfüllen mein Herz viel zu wenig
und sind und bleiben doch Stückwerk.
Lohn kommt später, jetzt besteht Mangel.
Was verheißt uns sowohl gegenwärtiges als
auch zukünftiges Leben zugleich?
Aus deinen Worten höre ich deine Antwort:
geistlich leben, getragen vom aktiven Sein.

Einsicht

Nach den vielen Worten wird es mir klar,
wie wichtig es ist, dir mein Herz zu öffnen
und meinen Geist auf dich auszurichten,
und wie wichtig es ist, dies täglich zu tun.
Herr, möge diese fundamentale Einsicht
zur unveränderlichen Absicht bei mir werden.

Du bist der Höchste, anderes kommt nach dir.
Erinnere mich bei Zeiten an dieses Bekenntnis
und schreibe es unauslöschbar in mein Herz.
Du sagst von Maria, die zu deinen Füßen saß
und schweigend auf deine Worte hörte,
dass dies notwendiger ist als alles andere.

Herr, lass mich inmitten aller Betriebsamkeit
den besseren Teil erkennen und ihn tun.
Gib mir Gelegenheit, auf dein Wort zu hören.
Von Natur aus ständig um alles besorgt,
kümmere ich mich um vieles, um zu vieles.
Du sagst, dass nur Eines notwendig ist.
Kann ich es bei mir selbst verwirklichen,
mich selbst auf die zweite Stufe zu stellen?

Du bist der Höchste und nicht das tätige Tun.
Still sein, die Erde mit allen Sinnen berühren
und lauschen auf dein Wort der Wahrheit,
schweigend es aufnehmen und innerlich sein,
das ist das Eine, welches das andere trägt.
Alle Leistungen, und mögen sie noch so
wunderbar sein, das, was Marta tut,
kann jederzeit von ihr genommen werden.
Doch das, worauf Maria sich hörend einlässt,
wird Bestand haben und in der Ewigkeit sein.

Erkennen ist Stückwerk

Die lange Geschichte der Menschheit zeigt,
was alles der Vergänglichkeit anheimfällt:
Jedes Erdenleben dauert nur eine gewisse Zeit.
Veränderung wohnt allem Lebenden inne;
so kommt das Leben und kurz darauf geht es.
Alles Reden und jegliches Tun enden einmal.
Mein Erkennen ist Stückwerk und es vergeht.

Du verleihst Güter und Gaben nach Bedarf.
Ist ihre Benutzung beendet, so vergehen sie.
Was ist von Dauer in zukünftiger Welt?
Alles vergeht, deine Worte haben Bestand.
Sie sprechen dein Wesen, das Liebe ist.
Alles Geschaffene lässt du teilhaben daran
und das ist die Liebe, die niemals endet.

Die ein reines Herz haben, empfangen Liebe
und diese Kraft der Liebe wird immer größer,
bis sie dein reines Angesicht schauen.
Herr, wo stehe ich in der langen Reihe derer,
die ein reines Herz haben und dich schauen?
Ganz unten und der Weg scheint mir endlos.

Herr, schenk mir Geduld und auch Ausdauer,
ihn nicht schnell und voreilig zu verlassen.
Schenkst du nur dem deine Gnade und Liebe,
der selbstlos den Nächsten zu lieben vermag?

Bitte

Du sprichst vom Kommen deines Reiches
und sagst, dass es nicht hier oder dort sei,
sondern verborgen in der Tiefe der Seele.
Ich bin traurig, weil ich es nicht in mir finde.
Ich versuche im Gebet eine Verbindung zu dir
und ziehe meine Seele von allem zurück.
Doch lässt sie sich nicht dazu zwingen.
Sie wird noch beherrscht von einer Kraft,
die nicht die deine ist und dich verabscheut.
Habe ich vielleicht dein Reich vertauscht
mit dem des Widersachers und Zerstörers?

Befreie meine Seele, Herr, von alldem,
was ihr fremd ist und nicht zu ihr gehört.
Erfülle sie mit deiner göttlichen Ruhe
und lass deinen Frieden in ihr wohnen.
Belebe meine Seele von Grund auf
und schenke ihr immerwährende Freude.

Erschaffe einen neuen Himmel in mir,
aber erschaffe auch eine neue Erde in mir.

Lass mich nicht mehr an Früheres denken,
tilge es in mir und lass mich Neues schauen.
Schenke mir Barmherzigkeit und Liebe.
Lege mir deine Worte in Mund und Herz
und gib mir Kraft, ihnen für immer zu folgen.

Hoffnung

Herr, das Reich des Widersachers lebt in mir;
ich habe es bejaht und dadurch angenommen,
dass mein Denken und Tun mit ihm eins sind.
Dunkel mein Inneres, trüb meine Gedanken.
Ich finde an nichts Gefallen und lebe dahin.

Kannst du die Liebe trotzdem in mir entfalten?
Hat sie Bestand auf rissigem Fundament,
dessen Substanz verrinnt wie der Sand?
Du hast den Grundstein in meine Seele gelegt,
als du mich voll Hoffnung ins Leben riefst.

Den Grund deiner Liebe habe ich spät erkannt,
als ich ihn bereits durch mein Tun untergraben
und ihn äußerst gefährlich ausgehöhlt hatte.
Ich kannte dich nicht, als ich der Sünde verfiel
und das zuließ, was du allemal verabscheust.
Ich habe deine Liebe mit Leichtsinn verachtet.

Wunder wirkst du täglich und ohne Zahl.
Reinige und befreie meine Seele von allem,
was die Sünde in ihr zurückgelassen hat.
Schenke mir Einsicht und die Hoffnung,
dass du das Reich der Liebe in mir erneuerst.

Lob

Du großer, unendlich großer Gott,
dir wende ich mich zu und preise dich
für das, was ich von dir erkannt habe.
Die Schöpfung hast du ins Leben gerufen.
Die Geschöpfe lassen deine Größe erahnen.

Durch dein mächtiges Wort trägst du das All.
Denen, die sich dir reinen Herzens zuwenden,
bist du nahe und erfüllst sie mit deiner Liebe.
Du offenbarst die Geheimnisse deiner Gottheit
allen, die ihr Herz für dich bereitet haben.

Deine Güte und Gnade schenkst du in Fülle.
Und allen, die sich dir öffnen, wird sie zuteil.
In unendlicher Milde, Langmut und Liebe
erträgst du das Böse, das man dir ständig antut.
Du vergibst, verzeihst und trägst niemals nach.

Aus reiner Erkenntnis preist dich mein Mund.
Doch mein Herz ist verkrampft und verstockt,
es ist krank und zum Loben fehlt ihm der Sinn.
Wie kann es Heil und auch Heilung erfahren,
um dir Lob und Lobpreisung zu singen?

Liebe

Und hätte die Liebe nicht, wäre alles umsonst,
und hätte die Liebe nicht, nützte es mir nichts,
und hätte die Liebe nicht, wäre ich nichts.

Die Liebe, die mich erfüllt, ist noch sehr klein.
Oft bekomme ich Angst, dass sie nicht wächst.
Das Ich drängt sich immer wieder dazwischen
und lässt das Herz allzu schnell erkalten.

Ich kann Liebe weder wollen noch zwingen.
Je mehr ich sie möchte, umso kleiner wird sie.
Selbst sie zu denken, mindert sie maßlos.
Herr, dein ist die Liebe, du kannst sie mehren.

Beten

Herr, neben all dem Widerstrebenden in mir
überfallen mich beim Beten ständig Gedanken,
überflüssige und zum Teil absurde dazu.
Sie hängen sich belastend an mein Gebet,
bedrohen es und führen ein Ende herbei.

Welch eine Flut von Gedanken tobt in mir,
wenn ich Ruhe suche und das Gebet beginne.
Sie sind wie Angreifer, die das Ziel verstellen
und sich freuen, wenn mein Herz es verliert.
Schwinden sie, kommen hundert neue danach.

Wie kann ich zu dir aufschauen und beten,
wenn mich Gedanken umringen ohne Zahl?
Ich rufe sie nicht und will sie nicht denken
und doch überfallen und verwirren sie mich.
Sollte ich ihnen nachgehen und sie entlarven?

Ist der Weg denn so mühsam und schwer?
Du sprichst die Worte: »So sollt ihr beten«
und gibst dazu Weisung zum rechten Tun,
doch von störenden Gedanken redest du nicht.
Ist das Gebet nur Gnade oder auch Übung?

Sei ganz

Ist es möglich, dir mit Gedanken zu dienen?
Wenn ja, würden sie das Gebet unterstützen.
Ein großer Zusammenhang besteht in allem!
Wo immer ich mit meinem Ansatz beginne,
läuft alles immer nur auf das Eine hinaus:
Selig, die ein reines Herz haben,
denn sie werden Gott schauen.

Nur gute Gedanken sind in diesem Herzen.
Die Quelle der unguten wird versiegen.
Langsam nur lässt du mich, Herr, erkennen,
was mein erster Schritt auf dem Weg zu dir ist.
Nicht trennen kann ich das Eine vom anderen;
du sprichst mich an mit allem, was ich bin.

Es ist wichtig, es gibt kein Ausweichen mehr.
Ich höre den Anruf wie einst an Abraham:
Geh einher vor meinem Antlitz! Sei ganz!
Herr, nicht einen Teil von mir willst du wie
das Gebet, das Fasten, die Liebe zum Nächsten,
nein, Herr, du willst mich ganz und gibst dich
mit keinem abgespalteten Teil zufrieden.

Dunkle Gedanken

Herr, du schenkst mir neue Erfahrung
und lässt mich neue Werte erkennen.
Wie kann ich mich beklagen über dich,
da du mir die Freiheit der Wahl ermöglichst!

Die oft quälenden Gedanken ändern sich,
sie werden erträglich und wandeln sich,
wenn ich sie ausrichte auf dich.
Ich beginne, das Geheimnis des Glaubens,
die Wandlung, zu ahnen und zu erfahren.

Das zuvor Dunkle der Gedanken wird licht,
ihre Schwere drückt nicht mehr zu Boden.
Du lässt mich da einen Ausweg erkennen,
wo alles sinnlos und ohne Ausweg erschien.

Du bist wie ein Fels in brandenden Wogen,
der Halt gibt und zugleich gehst du mit mir.
Du bist stark und mitfühlend zugleich.
Du ziehst mich an dich mit liebender Kraft.

Diese Bewegung auf dich hin ist Wandlung.
Wenn ich dir alle Gedanken zu Füßen lege,
so nimmst du sie an – auch die schlechten –
und schenkst sie mir verwandelt zurück.

Störende Gedanken

Mein Geist ist wie eine Wassermühle,
die ständig vom Wasserdruck bewegt wird.
Die Strömung des Wassers wälzt das Mühlrad
unaufhörlich in kreisendem Schwung.

Genauso kommen und gehen meine Gedanken.
Von der Qualität her sind es keine guten,
denn von überall stürzen Ströme auf mich ein,
die Dunkles und Versuchungen beinhalten.

Der gute Müller mahlt Weizen und Hafer
und scheidet vorher die Unkräuter aus.
Die Mühle mahlt unaufhaltsam weiter,
doch liegt es in der Macht des Müllers,
was er der Mühle zu mahlen gibt.

Mögen es keine Redereien und Laster sein,
die ich in der Mühle meines Lebens mahle.
Hilf mir, immer die rechte Wahl zu treffen,
sodass ich nur kostbares Getreide aufschütte.

Versuchungen widerstehen

Du bist mein Herr und mein Lehrmeister.
Jedes Wort aus deinem Mund ist Weisheit
und jedes Wort von dir ist Weisung für mich.
Bevor du mit deinem Wort in die Welt gingst,
hast du vierzig Tage und Nächte gefastet.
Am Ende der Zeit wollte dich der Widersacher
dreimal schändlich in Versuchung führen.

Mit Hinterlist hat er versucht, dich zu stürzen.
Dreimal hast du ihm eine Absage erteilt,
ohne den Pfad seiner Rede je zu betreten.
Du hast ihm mit göttlichem Wort geantwortet.
Daraufhin kamen Engel und dienten dir.

Spät erst wird mir die Aktualität bewusst.
Ich begreife, was auch du mir damit sagst.
Durch dein Leben und Wort hilfst du mir sehr.
Wie blind war ich, keine Einsicht zu nehmen!
Du lebst es mir vor und zeigst mir eindeutig,
wie ich mit der Versuchung umzugehen habe.

Umfassend lässt du mich deutlich erkennen,
wie ich mit der Versuchung fertig werde
und wie ich als Sieger aus ihr hervorgehe.
Ob im Gebet in der Stille oder bei der Arbeit:
Ich darf mich auf keinen Fall auf das Niveau
der versucherischen Situation einlassen
und ihr keinesfalls offen entgegengehen.

Die Befreiung besteht darin, ihr spontan
mit einem göttlichen Wort zu antworten
und ihr damit eine totale Absage zu erteilen.
Diese spontane Widerrede gegen alles Böse
wird dann mehrmals wiederholt.

Herr, ich nehme dabei dich in mein Herz
und weiß, dass du mich aufrichtest und trägst.
Es sind deine Engel, die mich jetzt führen
und stärken, den Weg zu dir fortzusetzen.
So geschieht durch Liebe das Wunderbare:
Ich werde getragen und stürze nicht ab.

Gute Gedanken

Du, Herr, kennst die Gedanken der Menschen,
du ergründest ihr Herz und kennst ihren Geist.
Schon von fern weißt du um meine Gedanken,
bevor ich sie denke, kennst du sie bereits.

Viele verkehrte Gedanken trennen von dir.
Du bist Zeuge meines heimlichen Denkens.
Ist es dunkel, weicht dein Heiliger Geist.
Hinfällig werden all meine guten Vorsätze.

Herr, bewahre und mehre die guten Gedanken
von der aufrichtigen und liebenden Hingabe.
Schenke Frieden, der das Verstehen übersteigt,
und bewahre das Herz vor dunklen Gedanken.

Weg

Wenn auch der Weg als rechter erscheint,
ohne dich, Herr, führt er ins Verderben.
Du bist der Weg, die Wahrheit und das Leben.

Du bist mein Weg, auf dem ich sicher gehe.
Du bist die Wahrheit, die nicht täuschen kann.
Du bist das Leben, das in Ewigkeit währt.

Lass mich den Weg auch im Dunkel erkennen.
Führe mich ein in die Wahrheit ohne Zweifel.
Schenk mir Leben, das sich in Liebe vollendet.

Breitet sich Finsternis aus, sei du mein Licht;
wenn Wahrheit zerbricht, so sei du mein Halt;
wird mein Leben vom Tod bedroht:
Herr, du mein Gott, verlass mich nicht.

Unterscheiden

Viel Ungutes ist in mein Herz gekommen
und ich habe es nicht einmal bemerkt.
Mein erkaltetes Herz und mein Gewissen
haben nichts davon zurückgewiesen.
Ich nahm alles hin, ohne zu unterscheiden.
Selbstgefälligkeit war mir genehm,
»Schätze«, die Rost und Motten verzehren.

Viel habe ich aus reiner Ruhmsucht getan,
mich widergöttlichen Kräften preisgegeben.
Ehrsucht und Hochmut prägten mein Leben.
All das hat mir keinen Vorteil gebracht.

Stelle Torhüter an die Tore meines Herzens,
Herr, die allem Bösen den Eintritt verwehren.
Schenke mir den Geist der Unterscheidung,
damit ich nur guten Gedanken zustimme.
Lass mich alle Winkel des Herzens erforschen
und leuchte sie aus mit dem Licht der Gnade.

Tilge die Spuren des Dunklen in meiner Seele,
die meine Sünden hinterlassen haben
und zu Fehlentscheidungen führten.
Lasse es in meinem Inneren licht werden,
damit du in meinem Herzen Wohnung findest.

Gnadengaben

Herr, du mein Gott, du bewirkst alles in allem.
Den Menschenkindern schenkst du Gaben:
Der eine erhält die Fähigkeit, weise zu sein;
ein anderer kann Erkenntnis vermitteln;
ein anderer erhält die Kraft, zu glauben;
ein guter Arzt kann Krankheiten heilen;
ein Künstler gestaltet auf verschiedene Arten;
ein Redner versteht die Zuhörer zu fesseln;
ein Handwerker arbeitet zum Nutzen aller;
ein Sprachbegabter schafft Verbindungen.

Herr, eine Gabe, die mir sehr am Herzen liegt,
ist ein göttliches Geschenk:
Es ist für mich die Fähigkeit,
die Geister zu unterscheiden und zu trennen.
Du gibst mir damit die geheimen Schlüssel,
um verschlossene Türen und Tore zu öffnen,
vor denen ich noch immer ratlos stehe.

Herr, erfülle mich mit deinem Heiligen Geist
und deute mir dein göttliches Tun und Wirken,
schenke mir gute und gesunde Urteilskraft,

die niemandem weh tut und keinen verletzt.
Gib mir die Kraft, das Böse immer zu meiden,
alles zu prüfen und nur das Gute zu behalten.

Klugheit

Welche Tugend ist die vornehmste?
Was soll ich an erster Stelle anstreben?
Was führt mich den von Gott gewollten Weg
und wer gibt mir Geleit und festen Schritt?

Fasten und Beten vertreiben die Versuchung.
Wer betet, erlangt die Reinheit des Herzens.
Löse ich die Anhänglichkeit an Verschiedenes,
wird der Geist frei und kann zu dir aufsteigen.
Alleinsein, Ruhe, Schweigen und Stille
bereiten die Basis für ein dir gefälliges Gebet.

Werke der Liebe stehen über allem Egoismus.
Dein göttliches Reich öffnet sich denen,
die Hungrige speisen, Durstige tränken,
Obdachlose aufnehmen, Barmherzigkeit üben
und liebevoll Kranke besuchen und betreuen.

Welches Tun gewährt sicheren Zugang zu dir?
Der Stern in der Wüste, der Abt Antonius,
gibt annehmbare Antworten auf meine Fragen.

Viele fangen gut an mit all dem Gesagten,
erliegen jedoch leicht einer Täuschung,
geraten in Verwirrung und stürzen jählings ab.
Feuereifer und Engagement enden kläglich.
Der Mangel an Klugheit führt sie in die Irre.

Klug ist, wer weder übertreibt noch erlahmt,
wer auf das Wort der frühen Wüstenväter hört
und ihren Rat bedenkenlos und treu befolgt,
das Maß der Zurückhaltung nicht überschreitet
und den Willen nicht gewaltsam durchsetzt.
Die Klugheit unterscheidet und durchschaut.
Sie schenkt neuen Scharfblick des Geistes,
lehrt uns das Lassen und macht unser Tun hell.

Schutzmauer

»Wie eine Stadt, deren zerstörte Mauern
die Bewohner offen lassen, so ist ein Mann,
der etwas ohne Überlegung tut.«

Um diese Weisheit und Einsicht bitte ich dich,
damit ich die zerstörten Mauern meiner Seele
wieder errichten kann, um Böses abzuwehren
und in Frieden und in innerer Ruhe zu leben.

»Durch Weisheit wird ein Haus gebaut,
durch Umsicht gewinnt es Bestand.
Durch Klugheit werden die Kammern gefüllt
mit allerlei wertvollen, köstlichen Gütern.«

Inmitten der durch Mauern geschützten Stadt
darf ich, Herr, mit deiner Hilfe und Gnade
das Haus meiner Innerlichkeit neu errichten,
um durch die Mauern dem Bösen zu wehren.
Geistiges darf in den Kammern wohnen,
ohne vom Feind vertrieben zu werden.
Herr, Klugheit, geboren aus deiner Weisheit,
möge zum Fundament meines Lebens werden.

Fundament

Herr, dein Wort ist lebendig, es ist wirksam
und schärfer als jedes zweischneidige Schwert.
Es durchdringt alles und ist in der Lage,
Seele und Geist voneinander zu scheiden.
Deiner Weisheit sind weder die Gedanken
noch die Absichten des Herzens verborgen.

Ohne die Gnade einer guten Unterscheidung
ist mein Glaube ohne jegliches Fundament.
Schenke mir Klugheit, die mich eindeutig
und ohne zu zagen geradewegs zu dir führt.

Begegnung

Bestimmten Menschen gehe ich aus dem Weg.
Treffe ich sie, habe ich gleich eine Ausrede.
Warum reagiere ich so kalt und ablehnend?
Ein schlechtes Gewissen habe ich nicht.
Was lässt mich spontan ihre Nähe fliehen?
Wenn ich eine Antwort suche, finde ich keine.

Kein Spatz fällt zur Erde ohne deinen Willen;
selbst die Haare auf dem Kopf sind gezählt.
Wie kann ich da glauben, dass ohne dich,
mein Herr und mein Gott, etwas geschieht!
Du, Herr, verantwortest jede Begegnung
und ich erkenne, dass du ihr Sinn gibst.
Ja, ich will mich all den Menschen stellen,
denen ich immer wieder ausgewichen bin.

Du schickst mir Menschen auf meinen Weg,
die mir Wichtiges von dir zu sagen haben.
Ich will standhalten, wenn ich ihnen begegne,
und horchen auf deine leise Sprache.
Du hast mich geschaffen, um zusammen mit
all deinen Geschöpfen gute Werke zu tun,
die du für uns im Voraus bereitet hast.

Dunkle Mächte

Wie viel Unheil geschieht durch Eigensinn,
durch Egoismus, der im Fanatismus endet!
In der früheren und gegenwärtigen Geschichte
gibt es viele Menschen, die in die Irre gehen,
von dunklen Mächten dorthin verführt werden.

Der Böse erscheint in Gestalt des Guten.
Und der wahrhaft Gute, dem Klugheit
und liebende Gemeinschaft fehlen,
wird zum Handlanger der Finsternis.
Viele glauben, Bote der Gerechtigkeit zu sein,
in Wahrheit werden sie vom Bösen gesteuert.

Ich sehe viel Ungutes bei anderen Menschen.
Und dann bin ich mir keinesfalls sicher,
ob nicht auch ich in Dunkles verstrickt bin,
ohne es von mir konkret zu wissen.
Wie kann ich Einsicht und Klugheit erwerben,
damit meine Seele frei wird von allem Bösen?

Aussprechen

Wie vermag ich zu erkennen, ob das Gute,
das ich übe, Gott gefällt und vor ihm besteht?
Kann es aus Eigensinn sein und vom Bösen?

Herr, wie finde ich eine Antwort von dir?
In der Schrift bin ich zu wenig bewandert
und die Weisheit der Väter ist mir noch fremd.

Gern würde ich meine Gedanken offenbaren,
sie zu einem geistlichen Menschen sprechen,
ihm überlassen, Spreu vom Weizen zu trennen.

Befreiend ist es, alles Wichtige auszusprechen,
dann verlieren die bösen Gedanken an Kraft.
Die verborgene Schlange tritt somit ins Licht.

Böse Einflüsterungen sind in meinem Herzen.
Versteckt richten sie einen großen Schaden an.
Gib mir die Möglichkeit, sie auszusprechen.

Bekennen

Wenn dunkle Gedanken geheim bleiben,
übernehmen sie eine böse Macht im Innern.
Unser Gewissen allerdings wehrt sich dagegen
und verlangt, etwas wiedergutzumachen.
Schweigen führt dazu, unterjocht zu werden.

Durch mein offenes Bekenntnis, Herr,
befreist du mich von allen bindenden Banden.
Meine siegreichen Gegner verlieren an Macht.
Ohne dich habe ich sie in mir herrschen lassen;
schlimmes Geschick lastet auf meiner Seele.

Herr, ich danke dir, dass ich dir alles bekennen
und aus der Tiefe meiner Seele sagen darf.
Dunkles aus meinem Herzen kam ans Licht.
Durch dieses heilsame Bekenntnis hat es seine
ungute und zerstörende Wirkung verloren.
Durch Entdeckung und Offenbarung vor dir
hat es nun keinen Platz mehr in mir.

Herr, du bist mir zur Hilfe gekommen
und hast meinen Mund wieder geöffnet.
Du hast das verderbliche Schlangengift
aus meinem kranken Herzen gezogen.
Vor dir kann ich nichts verschweigen
oder gar im Geheimen denken und tun.
Du führst mich sicher den Pfad des Heils
und lehrst mich das Aussprechen von allem.

Vergebung

Ich habe verführerische Gedanken verborgen
und schäme mich dafür vor dir und vor mir,
vor anderen Menschen und der ganzen Welt.
Sie in ein heilsames Bekenntnis zu kleiden,
kostet Überwindung und fällt mir nicht leicht.
In wahrhaft kindlich aufrichtigem Bekenntnis
offenbarte ich sie einst einem jungen Priester,
der mir in Entrüstung nur Vorwürfe machte.

Der Umgang mit meiner Geschlechtlichkeit
war es, den ich ihm offenherzig bekannte.
Es vor einem mir Fremden in Worte zu fassen,
kostete mich viel Überwindung und Mut.
Anstatt Heilung erfuhr ich neue Verwundung.
Die Wunde wuchs in die Tiefe der Seele
und sie tut sich sehr schwer, endlich zu heilen.

Herr, ich möchte bei dir über mich sprechen,
verstanden werden und Vergebung erfahren.
Darin spüre ich jetzt deine liebende Hand.
Du sagst, Herr, dass alle kommen dürfen,
um geheilt, gesegnet und geliebt zu werden.

Noch habe ich das Gefühl, ausgeschlossen
zu sein aus dieser erlesenen Gemeinschaft!

Die Worte und der Sinn deiner Botschaft
erreichen mein Ohr und meinen Geist,
doch mein Mund tut sich noch nicht auf
und das Herz hat eine Menge zu leiden.
Schicke mir doch von dir Begeisterte
auf meinen Lebens- und Glaubensweg,
die selbst durch dich Vergebung erfuhren
und mir die Hand reichen zum Segen,
damit sie meinen Mund öffnen zu dir.

Nochmals Vergebung

Mich quält das Gewissen, es holt mich ein.
Tue ich jenem jungen Priester Unrecht,
dem ich meine vielen Sünden bekannte?
Ich glaubte, bei ihm Vergebung zu finden.
Doch seine Worte waren für mich bitter
und er nannte mich einen Unwürdigen.
Er verwundete zutiefst meinen Glauben
und in bitterer Traurigkeit verließ ich ihn.

Alle Hoffnung auf Vergebung gab ich auf.
In der Mitte des Herzens wütete ein Kampf,
der mich und den Glauben heftig bewegte.
Mit dieser Verstörung habe ich lange gelebt.
Herr, ich habe dir noch zu wenig vertraut,
um alles Quälende in deine Hände zu legen.

Herr, ich wollte dich bewusst herausfordern,
als ich hinabstieg in ein geistloses Unten.
Ich wollte dich auf mich aufmerksam machen.
Wie töricht und kleinmütig war das von mir!
Was ich auch tat und tue: Dir entgeht nichts.

Du hast mein ungutes Treiben gesehen,
denn nichts bleibt verborgen vor dir.
Ich musste fallen, Herr, um dich zu erkennen,
ich musste fallen, um deine Liebe zu spüren.

Herr, nimm meine Bitte um Vergebung an.
Ich schäme mich für die Enge meines Geistes
und bekenne vor dir aufrichtig meine Schuld,
in die ich mich hochmütig verstrickt habe.
Meine Seele ist von Kummer beschwert
und ohne dich findet sie niemals Ruhe.
Ich strecke nach dir meine Hände aus
und bitte um deinen göttlichen Segen.
Herr, du bist mein Vertrauter für immer,
richte mich auf und lass mich leben.

Hören und Sehen

Deinen göttlichen Plan, Herr, offenbarst du
in der Heiligen Schrift und in allem, was lebt.
Du greifst in das Leben der Menschen ein,
sprichst zu ihnen durch andere Menschen
oder du gibst uns ein Zeichen deiner Liebe.

Herr, lass mich hellhörig werden und hören,
wie Samuel auf den göttlichen Anruf hörte.
Das helle göttliche Licht umstrahlte Saul,
der vorher die Christen wütend verfolgte.
Ihn hast du zu deinem Auserwählten gemacht.

Herr, schicke mir Menschen auf meinen Weg,
die mein Inneres wahrnehmen und berühren
und mich mit deinem Heiligen Geist erfüllen.
Der Weg zu dir führt über die Menschen.
Doch wie viel Umwege musste ich gehen,
bis ich zu dieser wahren Erkenntnis gelangte!
Ich mied die Menschen, anstatt sie zu lieben
und in ihnen dich und deinen Willen zu sehen.

Blind folgte ich meiner eigenen Entscheidung.
Zu gern würde ich heute meinen Vater fragen,
ihn um seinen Rat und seine Meinung bitten,
die Hilfe meiner geliebten Mutter annehmen,
die ich ihr oftmals so vehement ausschlug.
Ich weiß, sie helfen mir jetzt vom Himmel her.

Essen und Trinken

Mein extremes Verhalten tut mir sehr leid.
Aus Gefühlen der Schuld habe ich gefastet
und dabei meinem Körper Kräfte entzogen,
die für ein gesundes Leben notwendig waren.
Durch das Fasten habe ich ihn missachtet.
Doch keine geistige Wachheit und Gottesnähe
schenkten sich mir trotz all der Kasteiung.
Schwäche und Müdigkeit drängten sich auf,
die zu ständigem Schlafbedürfnis führten.
Selbst das Beten verfiel schon nach kurzer Zeit
und strömte kraftlos und nichtig dahin.

Mein extremes Verhalten tut mir sehr leid.
Aus Überdruss habe ich Mengen gegessen
und damit Körper und Seele ungut belastet.
Verlust an geistiger Wachheit war die Folge.
Das Essen brachte momentane Geselligkeit,
doch die Zeit floss einfach nutzlos dahin.
Der Schlaf weckte Trugbilder heimlicher Lust,
die alle Sinne in Aufruhr brachten
und den ganzen Körper fordernd durchzogen.

Warum wird mir dies erst so spät bewusst?
Das Maß der Enthaltung hat seine Grenzen,
denn durch Mangel an Speise und Trank
verliert der Geist die Kraft zum Gebet.
Sättigung im Übermaß tötet den Geist.
Mal aus Übereifer und mal aus Trägheit
habe ich mir Hindernisse aufgeschichtet,
die meinen Weg zu dir und das Fließen
deiner gütigen Liebe zu mir versperren.
Herr, vergib mir all die vielen Umwege
und lass mich die rechte Mitte erkennen.

II. Teil
Weg und Begegnung

Den Weg gehen

Du, Herr, verleihst uns den Heiligen Geist;
du gibst uns Einsicht und wahres Wissen.
Wenn du schweigst, vermögen wir nicht viel.
Wir können das Wort zum Klingen bringen,
das Herz erreichen wir durch Worte nicht.

Wir können Buchstaben aneinanderreihen,
doch nur du kannst uns den Sinn erschließen,
wie du den Emmausjüngern Augen und Herz
für das Verständnis der Schrift öffnetest.
Wir reden über die Geheimnisse des Glaubens,
doch nur du besitzt als Einziger den Schlüssel,
um sie uns zu erschließen und zu erklären.

Was nutzen uns alle Gebote und Verbote,
die allein von Menschen erdacht sind
und von denen wir nicht einmal genau wissen,
ob sie auch in deinem Geist verfasst sind?
Kommt die Weisung jedoch von dir,
gibst du uns das Vermögen, sie zu erkennen.
Deine Auserwählten zeigen uns den Weg,
die Kraft, ihn zu gehen, jedoch stammt von dir.

Du, Herr, belehrst und erfüllst unser Herz
und machst uns zu wahrhaft Sehenden.
Was nutzen uns denn so viele Worte,
wenn wir ihren Sinn nicht verstehen?
Es kommt weder auf den an, der pflanzt,
noch auf den, der begießt und kultiviert,
sondern einzig und allein auf dich, Herr,
der es wachsen und fruchten lässt.

Rembrandt f. 1634

Wort des lebendigen Gottes

Herr, du belehrst und unterweist mich in allem
und letztlich in der ewigen Wahrheit.
Wissen und Worte habe ich aufgenommen,
die es nicht vermochten, mich zu begeistern
und mein Inneres dauerhaft zu berühren.

Ja, du hast mich begeistert durch dein Wort.
Früher habe ich es gehört, aber nicht befolgt.
Die Begeisterung, wie ich sie heute erlebe,
wurde damals durch äußere Einflüsse erstickt.
Ich habe heute dein göttliches Wort erkannt,
bin aber noch dabei, es wahrhaft zu lieben.
Du vertraust mir bedingungslos dein Wort an,
schenke mir, dass ich es liebe und bewahre.

Sprich nur ein Wort, sprich es noch einmal,
damit meine Seele gesundet und die Fülle
deiner Liebe in mir Platz findet und bleibt.
Herr, zu wem sollen wir denn gehen?
Du allein hast Worte des ewigen Lebens.
Sprich, damit ich mein Leben neu beginne.
Dir sei Lob und Ruhm und Ehre immerdar.

Wende dich mir zu

Du bist die Quelle und das Ziel allen Lebens.
Du bist der Höchste und gerade zu dir
darf ich aufschauen und sogar mit dir reden!
Mein Mund mag deinen Namen nicht nennen,
mein Verstand kann deine Größe nicht denken
und mein Herz deine Liebe nicht fassen.

Du allein, Herr, bist gut, gerecht und heilig.
Du bist alles, gibst alles und erfüllst alles.
Erbarme dich meiner und erfülle mein Herz
mit dem Licht und der Wärme deiner Gnade.

Du lässt mich in dieser Welt und Zeit leben
und bereitest mir eine Wohnung in Ewigkeit.
Was wäre ich ohne dich, wenn dein Erbarmen
und deine liebende Gnade mich nicht stärkten?

Wende dich mir zu, erhelle das Dunkel in mir,
denn meine Seele hat sich aufgemacht zu dir,
sie dürstet nach dir wie trockenes Land.
Lass mich deinen göttlichen Willen erkennen
und lehre mich, deinen Willen zu tun,
denn du bist immer mein Herr und mein Gott.

Dein guter Geist leite mich auf ebenem Pfad.
Du bist die Weisheit, nach der ich mich richte,
du allein kennst mich in voller Wahrheit
und weißt um mich noch vor aller Zeit.

Du bist die Wahrheit

Herr, was du lehrst, soll in mir wahr werden.
Deine liebevolle Wahrheit soll mich lehren,
sie soll mich behüten und mein Leben auch
jenseits dieser Welt für immer bewahren.

Du bist der Weg, die Wahrheit und das Leben.
Hilf mir, schlechte Gewohnheiten abzulegen;
pflanze Liebe in mein Herz und kultiviere es.
Befreie mich von allen unguten Eigenschaften,
denn ich möchte dir Wohnung in mir bereiten.

Vater des Erbarmens

Vater im Himmel,
Vater meines Herrn Jesus Christus,
ich danke dir von ganzem Herzen,
dass du dich durch den Sohn offenbarst
und mich mit hineinnimmst
in das Geheimnis deiner Liebe.

Gepriesen bist du,
Vater des Erbarmens
und Gott allen Trostes.
Du tröstest mich in all meiner Not,
damit ich die Kraft habe,
alle zu trösten, die in Not sind
und des Trostes bedürfen.

Dank sei dir für die Liebe,
die mir dein Sohn schenkt.
Wenn deine Liebe mich berührt,
jubelt mein Herz
und ich möchte dein Kommen
hinausrufen in alle Welt.

Auch in dunklen Tagen bist du, Herr,
meine Hoffnung und meine Zuflucht
am Tag und in der Nacht der Not.
Ich danke dir von ganzem Herzen,
dass du dich durch den Sohn offenbarst.

Heile mein Herz

Meine Liebe zu dir ist noch sehr schwach,
unvollkommen, und ich bedarf der Stärkung.
Ich bitte dich, Herr, mir nahe zu sein
und mich durch deinen Geist zu unterweisen.

Befreie mich von ungeordneten Neigungen,
die unserer Begegnung im Wege stehen.
Heile mein belastetes Herz und mache es weit,
damit ich fähig werde, dich zu empfangen
und weitaus tiefer zu lieben als bisher.

Gib mir Kraft und Durchhaltevermögen,
unumgängliches Leid geduldig anzunehmen.
Gib mir den Mut, das Kreuz zu bejahen,
um es mit dir gemeinsam zu überwinden.

… und fülle es mit Liebe

Mache mein Herz weit und fülle es mit Liebe.
Möge sie so überwältigend und stark sein,
dass nichts sie mindern oder verdrängen kann.
Ich möchte ergriffen werden von deiner Liebe
und über mich selbst hinauswachsen.

Das Lied deiner Liebe möchte ich singen
und dich bitten, mich niemals zu verlassen.
Deinen Namen will ich anrufen, ihn preisen
und dich von ganzem Herzen wiederlieben.
Alle, die dich lieben, möchte auch ich lieben,
denn die Liebe hast du zutiefst und lichthell
für immer in unsere Seelen geschrieben.

Dein Weg mit mir

Oft vernachlässige ich aus Einseitigkeit
das zum täglichen Leben Notwendige:
das Essen, das Trinken, den Schlaf und die
Kleidung, meinen Beruf, die Aufgaben in
meiner Familie und oft sogar die Bedarfe
der mir anvertrauter Mitmenschen.
Was mir lästig wird, vernachlässige ich.

Führe mich auf den rechten Weg zurück,
damit ich nicht einseitig werde oder fanatisch.
Lass mich alles Notwendige gern tun
und erkennen, dass ich nur in der Vielfalt des
Lebens den Weg segensreich fortsetzen kann.

Deine göttliche Hand möge mich leiten,
immer das rechte Maß einzuhalten,
nichts zu vernachlässigen und vor allem
im Übereifer nichts zu übertreiben.
Aus ganzem Herzen bitte ich dich, Herr:
Lass mich erkennen, dass mein Weg mit dir
endlich zu deinem Weg mit mir werden muss.

Ruhegebet

Einige deiner Worte habe ich begriffen
und sie sind tief in mein Herz gefallen.
Du hast mich das Gebet der Hingabe gelehrt
und ich spüre, dass ich dir näher bin als zuvor.

Es wird mir zu einem geistlichen Gewinn,
wenn ich im Gebet deinen Namen anrufe,
ihn innerlich wiederhole und dabei lerne,
meine Gedanken und mich selbst loszulassen.

Durch dein Gebet am Ölberg und am Kreuz
führst du mich zum hingebenden Beten,
zur Ganzhingabe an deinen und meinen Vater.
Was ich bin und habe, lege ich in deine Hände.

Ich darf die wunderbare Erfahrung machen:
Wenn ich im Gebet mich selbst aufgebe,
die Gefühle, die Gedanken, die Vorstellungen
und all meine unzähligen Wünsche,
dann kommst du mir mit Gnade entgegen.

Mein Herz wird weit und meine Seele licht.
Du zeigst mir den Weg und das, was ich bin,
was ich einmal war und wohin ich jetzt gehe.

Bliebe ich allein und mir selbst überlassen –
möge es niemals geschehen –:
Ohne dich wäre ich nichts, könnte ich nichts
und das Leben hätte weder Sinn noch ein Ziel.

Du wendest dich mir erneut voll Liebe zu
und mein Leben entsteht neu und erhält Sinn;
du führst mich behutsam zu meinem Ziel,
das ich seit Anbeginn in meinem Herzen trage.

Du wendest dich mir zu, schaust mich an
und schenkst mir deinen göttlichen Segen.
Von neuer Lebenskraft werde ich erfüllt
und mein Herz jubelt vor lauter Freude.

Du bist mir nahe

Gepriesen bist du, mein Herr und mein Gott.
Obwohl ich es nicht verdient habe, bist du es,
der zu mir kommt und mich reich beschenkt.
Obwohl ich mich von dir weit entfernt habe,
bist du mir immer und überall ganz nahe.
Verzeihe mir meine mangelnde Einsicht
und entschuldige meine Undankbarkeit.

Ich spreche auch im Namen meiner Familie:
»Bekehre uns zu dir, damit durch deine Gnade
unser Leben neu erblühen und erstarken kann.
So erkennen wir das Geheimnis deiner Liebe.«

Durch das Gebet der liebenden Hingabe,
durch Anbetung, kommen wir näher zu dir.
Lass uns niemals mehr von dir getrennt sein,
denn du bist unser Freund und unsere Stärke,
unser Heil und unser Heiland.

Du hast mich erschaffen

Was der Liebende von dir erwarten darf,
ist unaussprechlich und einmalig.
Du schenkst ihm deine Güte und Liebe
und führst ihn schrittweise näher zu dir.
Wie sehr du mir herzlich zugetan bist,
hast du mir gezeigt, indem du,
als ich noch nicht war, mich erschufst.

Und als ich weit von dir entfernt umherirrte,
führte deine liebende Hand mich zurück.
Du hast mir deine Liebe ins Herz gelegt,
sodass auch ich dich zu lieben vermag.

Unendliches Entgegenkommen

Alles, was du geschaffen, Herr, gehört dir,
auch, was ich bin und was ich besitze.
Und wenn ich mich aufmache zu dir,
bist du es, der mir weit mehr entgegenkommt.
Und wenn ich glaube, Gutes für dich zu tun,
bist du mir längst zuvorgekommen,
indem du das Beste für mich getan hast.

Himmel und Erde hast du erschaffen.
Sie atmen deine Liebe und Schöpferkraft.
In ihnen dürfen wir uns geborgen fühlen.

Und auch die Engel hast du beauftragt,
der gesamten Schöpfung zu dienen
und sie in die Ruhe bei dir zu führen.
Du beauftragst deine Engel sogar,
mich auf all meinen Wegen zu behüten,
mich auf ihren Händen zu tragen,
damit mein Fuß nicht an einen Stein stößt.

Doch all dies wird weit übertroffen:
Du selbst bist Mensch geworden, um uns
aus der Dunkelheit und dem Tod zu erlösen.

Wie soll ich dir danken?

Du, Herr, bist der Quell ewiger Liebe.
Sprachlos und staunend stehe ich vor dir.
Deine Liebe hast du mir niemals entzogen.
Auch dann hast du mich geliebt,
als ich mich von dir abwandte und sündigte.

Mehr als ich je hoffte, gewährst du Vergebung
und schenkst mir dein reiches Erbarmen.
Du legst deine gütige Hand auf mich
und gibst mir deine Gnade und Freundschaft.
Wie soll ich dir danken, Herr?

Es ist nichts Großes, Herr, wenn ich versuche,
dir auf meine Art zu dienen und dich zu ehren.
Groß und wunderbar ist es in meinen Augen,
dass du mich nicht aus deiner Nähe verstößt
und trotz der großen Last, die ich auf mich lud,
mich so liebevoll liebst, als gäbe es sie nicht.

Mein Rufen zu dir

Was kann ich tun, Herr, um dir für die
unzähligen Gaben deiner Liebe zu danken?
Wäre ich doch wenigstens imstande,
dir einen einzigen Tag würdig zu widmen!

Ich möchte in den kleinen Dingen des Lebens
dir die Ehre geben und dir dienen.
Auch in den Widerwärtigkeiten des Alltags
sollte mir deine Gegenwart bewusst werden.

Mein Gebet, mein stilles Rufen zu dir –
und sei es noch so unvollkommen –
möge zu dir dringen und dich erreichen.
Lass mich wissen, was ich für dich tun kann.
Ich möchte dankbar sein und dich erfreuen.

Du bist mein Herr und mein Gott.
Ich stelle mich dir ganz zur Verfügung,
damit dein Wille an mir geschehe.
Ich will im Gebet deinen Namen anrufen
und dich bitten, deine Liebe möge all das
ergänzen, was mir noch fehlt.

Wunderbare Wandlung

Wenn ich mich dir immer neu zuwenden darf,
so ist diese Hingabe das Höchste für mich.
Ich empfange von dir Gnade über Gnade
und weiß, dass alles andere danach kommt,
weil du in mir die erste Stelle einnimmst.
Es möge dir gefallen, wenn ich mich erhebe
und zu dir mit aufrichtiger Gesinnung bete.

Durch dich erfahre ich wunderbare Wandlung:
Dunkles und Widergöttliches verlassen mich
und ungeordnete Gefühle ordnen sich.
Dein Heiliger Geist erfüllt das Herz mit Liebe
und deine Gnade erfüllt die Seele mit Licht.
Ich rufe im Gebet deinen heiligen Namen an,
verzichte auf das, was mich ablenkt von dir,
damit ich ganz in dir beheimatet bin.

Weg der hingebenden Liebe

Du, Herr, führst mich zu der Erkenntnis,
dass der Weg der hingebenden Liebe
mich wahrhaft frei und überglücklich macht.
Einmal darin vollkommen zu sein, ist das Ziel.
Ich danke dir für die Begleitung und Liebe,
die du mir – wie du sagst – niemals entziehst.

Möge ich sie auch dann in mir spüren,
wenn mich alles zu verlassen scheint.
Alle, die zu dir kommen, nimmst du an
und führst sie aus der Dunkelheit in dein Licht.
Damit wird dem Bösen eine Absage erteilt.

Mit dir versöhnt zu sein, deine Nähe zu spüren
und von dir geführt und geleitet zu werden,
bedeutet für mich das allerhöchste Gut.
Du erfüllst mich mit Freude ohne Ende.

Brot der Engel

Herr, ich stehe sprachlos vor dir und staune.
Ich staune vor deiner unendlichen Liebe,
vor dem Wunderbaren, was mir verborgen ist.
Deine Worte geben mir Kraft und Zuversicht.
Wer bin ich, dass ich zu dir aufschauen darf?

Du hast den Himmel und die Erde geschaffen,
dein Wesen ist anwesend, doch unsichtbar.
Du bist und wirkst in allem und ordnest alles.
Deine Liebe durchstrahlt die ganze Schöpfung.
Doch du schonst keines deiner Geschöpfe,
das sich über dich erhebt, auch die Engel nicht.

Herr, ich nehme mir manchmal heraus,
vor dir etwas Besonderes sein zu wollen.
Vergib mir Stolz und meine Überheblichkeit.
Ich müsste den Weg längst erkannt haben,
denn ich sah verzweifelte Menschen hungern,
die einst voll Freude das Brot der Engel aßen.
Sie hätten ihren Hunger gern mit dem gestillt,
was die Schweine fraßen, doch niemand gab
ihnen davon.

Warum?

Mein Herr und mein Gott, ich sehe ein,
dass mir Geduld und innere Ruhe fehlen,
um mein Leben sinnvoll zu bestehen.

Zu viele Spannungen gibt es auszuhalten,
Widerwärtigkeiten, schwer zu ertragen.
Frieden im Herzen und in meiner Umwelt
sind nicht leicht zu erwerben und zu wahren.
Alles wird immer wieder von Unfrieden
und unlauteren Machenschaften durchkreuzt.

Ich weiß, dass mir Schmerz nicht erspart bleibt –
auch wenn ich auf dem rechten Weg bin
und in deiner Nachfolge Fortschritte mache.

Nur mit dir, Herr

Kein Heil leuchtet mehr auf,
wenn du deine Hand zurückziehst.
Keine Weisheit erfüllt mehr das Herz,
wenn du sie nicht zu mir lenkst.
Keine Kraft richtet etwas aus,
wenn du sie nicht aufrecht hältst.
Keine Liebe entfaltet sich,
wenn ihr Quellgrund verschlossen bleibt.
Kein Wachstum erfolgt,
wenn du nicht deinen Segen in Fülle spendest.
Keine Enthaltsamkeit bewirkt etwas,
wenn du sie nicht unterstützt.
Kein Werk und kein Gebet bringen Frucht,
bist du, Herr, nicht gegenwärtig.

Sind wir uns selbst überlassen, versagen wir.
Lässt du uns los, sinken wir in die Tiefe.
Bist du, Herr, jedoch gegenwärtig und mit uns,
richten wir uns auf und versetzen sogar Berge.
Du erfüllst das Herz mit dem Feuer der Liebe.

Tiefer als der Ozean

Ich wollte in allem zu hoch hinaus
und habe dabei meine Mitte verloren.
Du, Herr, hast meinen Ehrgeiz erkannt
und mich in meine Grenzen gewiesen.
Ich weiß, dass ich sie einhalten muss
und die Grenzen nur, wenn du es willst,
mit deiner Hilfe überschreiten darf.

Deine Güte ist grenzenlos, die Treue,
die du mir erweist, ist unendlich.
Deine Urteile sind gerecht, tiefer als der Ozean
und bei dir, Herr, ist die Quelle allen Lebens.
In deinem Licht schauen wir das ewige Licht.

Schenke mir die Gnade und die Einsicht,
damit ich mich immer neu in den Grund
deiner unendlichen Liebe versenken kann.
Ohne dich ist meine Last zu schwer,
ohne dich ist sie für mich unerträglich.
Ohne dich ist mein Weg ohne Ziel,
wie ein Meer, das uferlos vor mir liegt.

Ich möchte mich dir ganz anvertrauen,
ohne genau von dir wissen zu wollen,
wohin mich mein Weg sowohl in dieser
als auch in der kommenden Welt führen wird.
Nur Gutes für mein Leben kommt von dir;
ohne dich kann ich nichts tun.

Dein bin ich

Wie vermessen und stolz wäre es von mir,
würde ich mich meiner rühmen.
Dir gehöre ich, dein bin ich, von dir bin ich,
um einmal zu dir wieder zurückzukehren.

Wenn deine Wahrheit mich ganz durchdringt,
kann keine Macht mich mehr von dir trennen.
Möge die Zeit nicht allzu fern sein,
in der Gott allein in meinem Inneren wohnt,
ich vertrauend den Geist in seine Hände lege
und er zum Ziel meines Lebens geworden ist.

Viele Worte sind jetzt nicht erforderlich.
Wer aber laut ist und viel redet, läuft Gefahr,
mit dem Echo der Worte selbst zu schwinden.
Die Treue des Herrn jedoch bleibt in Ewigkeit.

In dir Ruhe finden

Jesus Christus, Heiland der Welt,
begleite mich mit deiner Gnade
und gewähre sie mir bis ans Ende,
in dem ein neuer Anfang wohnt.
Mein Wünschen und Wollen möge
niemals von dem abweichen,
was du für mich vorgesehen hast.

Lass mich wollen, was du willst,
sodass dein und mein Wille eins sind.
Schenke mir über alle Wünsche hinaus,
dass ich in dir die verheißene Ruhe finde
und mein Herz von deinem Frieden erfüllt ist.

Ich weiß, Herr, dass ich in dieser Welt
keine Ruhe finde und meine Wünsche
keine vollständige Erfüllung erfahren.
Vieles bleibt Fragment, doch du, Herr,
wirst in mir das Fehlende ergänzen
und das Begonnene zur Vollendung führen.

Könnte ich alle Freuden des Lebens genießen,
weiß ich: Dieser Genuss hat keinen Bestand.
Die Seele verlangt nach Gemeinschaft mit dir,
sie will sich in dir vollenden und ewig sein.

Meine Seele …

Sei nicht unruhig in mir, meine Seele.
Warte und erwarte die Verheißung,
nach der du so sehnlichst verlangst.
Der Himmel wird die Fülle des Guten geben:
die zeitlichen Güter für das Heute,
für den Übergang erdenklichen Frieden
und Ewiges zur Erfüllung deiner Sehnsucht.
Nutze das Zeitliche, doch ersehne das Ewige,
das dich erfüllt und unendlich beglückt.

Sei nicht unruhig in mir, meine Seele.
Würdest du alles Vergängliche besitzen,
du würdest niemals damit glücklich sein.
Denn nur in Gott, der alles geschaffen hat,
sind dein Glück und deine Seligkeit begründet.
Diese Seligkeit ist mit den Augen der Welt
und durch Denken nicht wahrzunehmen.

Sei nicht unruhig in mir, meine Seele,
denn du bist auf dem rechten Weg,
Gottes Licht und seine Liebe zu empfangen.
Durchstrahlt von Ihm kannst du leben.

Übe dich in Geduld und harre auf Gott,
der dir bereits in dieser Welt und Zeit einen
Vorgeschmack auf das Kommende gewährt.

Danke dem Herrn

Herr, ich habe bitter erfahren müssen,
wie Menschen die Wahrheit verdrehen
und zu ihren Gunsten auslegen.

Du bist die alleingültige ewige Wahrheit,
die ich in mir schweigend vernehmen darf.
Ich spüre, dass du bei mir und mit mir bist.
So bitte ich dich, mir immer beizustehen.
Ich weiß, dass du dich niemals von mir
zurückziehst und mich ganz alleinlässt.
Ich weiß: Bei einer Trennung bin ich es,
der sich entfernt und eigene Wege geht.

Meine Seele möchte dich loben und dir danken
für die Einsicht in die göttliche Wahrheit,
für all das Gute, das du mir schenkst,
und all das, was du mir in Aussicht stellst.

Sei du meine Zuflucht

Du kennst mich besser, als ich mich kenne;
du bist mehr besorgt, als ich es je sein könnte.
Ich stehe auf unsicherem Boden, weiß aber,
dass ich nur mit dir allein sicher gehen kann.

Herr, ich habe das starke Verlangen,
mein Leben ganz auf dich auszurichten,
damit das in meinem Leben wirklich wird,
was du mir seit Langem verheißen hast.
Hilf mir, mein Wesen in deinem Wesen
zu verankern und tief zu verwurzeln,
damit ich in dir fest werde und bleibe.

Alles, was du mir schickst, kann nur gut sein.
Wenn Licht mich erfüllt, danke ich dir, wenn
Finsternis mich umgibt: Sei meine Zuflucht.
Wenn Gnade mir zufließt, will ich sie teilen.
Ich möchte dir nahe sein und dich lieben –
was immer auch mit mir geschehen mag.

Auf dem Weg mit dir

Herr, ich möchte den Weg mit dir gehen,
der nichts ausschließt – weder das Leid,
Schmerzen und Tod noch die Freude.
Ich weiß jedoch aus meiner Erfahrung,
dass das Wohl mir lieber ist als das Weh,
dass das Gute mir willkommener ist
als das Gegenteil von ihm, das Schlechte,
und ich lieber glücklich als traurig bin.
Darf ich so sein, wie ich bin und empfinde?
Oder möchtest du, dass ich alles,
was mir begegnet, bedenkenlos annehme?

Bewahre mich vor falschen Entscheidungen,
vor Leid, das ich vielleicht anderen zufüge
und somit letztlich auch mir.
Bewahre mich vor allem Bösen,
das durch mich verursacht und ausgelöst wird.
Mein Herz ist wach, ich höre auf dein Wort.

Sende mir, Herr, dein Licht und deine Liebe.
Du hast gesagt, dass du meinen Namen
niemals aus dem Buch des Lebens streichst,
sondern dich vor dem Vater zu mir bekennst.

Das Licht im Herzen bewahren

Herr, gibt es denn eine größere Liebe als die,
die du den Menschen und allem erweist?
Du hast den Willen des Vaters geduldig erfüllt
und bist für uns gestorben und erhöht worden.

Wie könnte ich da dein Entgegenkommen,
das du mir ständig schenkst, ausschlagen?
Wie könnte ich den Weg mit dir abbrechen?
Es fällt mir nicht immer leicht, mich nach
deinem Vorbild in Geduld zu üben,
das mitunter zerbrechliche Leben zu bejahen
und mein Inneres zu öffnen, damit du es
in deiner Liebe wandeln kannst.

Wenn auch das Leben für viele zeitweilig
oder gar für eine lange Zeit leidbeladen ist,
so bietest du uns in dieser Not
deine Hilfe und die Fülle deiner Gnade an.

Es gab in meinem Leben schmerzvolle Phasen,
in denen ich Zusammenhänge nicht einsah.
Dein Beispiel jedoch und das derjenigen,

die dir nachfolgten, geben mir Mut,
gerade in dunklen Zeiten durchzuhalten
und dein Licht in mir zu bewahren.

Du hast die verschlossenen Tore der Seele,
des Herzens und des Himmels geöffnet,
sodass Licht des Lebens und die Liebe
fließen und in mir wachsen können.

Geduld

Ich stehe am Anfang des geistlichen Weges
und kenne durchaus mein Unvermögen.
Ich will Gleiches mit Gleichem vergelten
und mir fehlt es an Einsicht und an Geduld.

So bitte ich umso inständiger um deine Gnade,
die in mir das wirken und ausführen möge,
was mir unmöglich erscheint.
Du siehst, wie klein und begrenzt ich bin
und wie schnell ich dich wieder verlasse.
Sobald sich ein Hindernis in den Weg stellt,
das mir zu groß und unüberwindbar erscheint,
verliere ich den Mut, resigniere und fliehe.

Ich weiß, Herr, dass dir dies alles missfällt.
Hilf mir, mein Leben mit dir zu gestalten.
Führe mich zur Einsicht, lehre mich Geduld
und mache mich in allem tragfähiger.

Weisung zum Ziel

Wie unendlich dankbar bin ich dir, Herr,
dass du mir und allen durch dein Leben,
deinen Tod und deine Auferstehung den Weg
zum wahren Ziel allen Lebens gewiesen hast.
Mit dir zusammen ist er lichtvoll und leicht,
du trägst uns und der Weg wird zum Leben.

Weil du alle Lebensstationen angenommen
und sie oftmals auch durchlitten hast
und als Erster zum Vater zurückgekehrt bist,
wurdest du unser Erlöser, Heiland und Retter.
Bedenkenlos und vertrauend folgen wir dir.
Herr, was wäre aus allen Menschen geworden,
wenn du nicht Mensch geworden wärest?

Meine Schwächen

Herr, ich möchte vor dir meine Schwachheit
und meine Fehler und Sünden bekennen.
Oft sind es nur lächerliche Kleinigkeiten,
die mich mutlos und traurig machen.
Ich nehme mir vor, entschlossen zu handeln,
bei der kleinsten Versuchung jedoch
gerate ich in Zweifel und Unsicherheit
und mangelndes Vertrauen überfallen mich.

Eine unbedeutende Sache ist sogar imstande,
mich aufzuregen, mich mit Unmut zu erfüllen
und meinen Tagesablauf zu blockieren.
Selbst wenn ich mich stabil und sicher glaube,
kann mich ein Windstoß bereits umwerfen.

Meine Fehler, Herr, sind dir bekannt.
Du hast Erbarmen und zeigst mir den Weg.
Ich schäme mich jedoch maßlos vor dir,
dass ich Versuchungen erlegen bin.

Unbeständigkeit gehört zu meinen Schwächen
und ich leide immer wieder darunter,
mich mit unguten Wünschen und Begierden
täglich neu auseinandersetzen zu müssen.
Sie drängen sich von selbst und gewaltig auf
und ziehen mich gewaltsam nach unten,
wenn ich ihnen bereits in Gedanken nachgebe.
Hilf mir, diese Fantasiebilder zu verwerfen;
sie sind schnell da und schwer loszuwerden.

Ich bekenne

Herr, du übertriffst alles an Stärke und Geduld
und erfüllst alles mit deiner göttlichen Liebe.
Um uns aus unserer Schwachheit zu befreien,
reichst du uns deine Hand und bietest uns
Freundschaft und immerwährende Liebe an.
Wie oft habe ich sie nicht wahrgenommen
und sie achtlos von mir gewiesen und wie oft
habe ich dir mit meinem Verhalten wehgetan!

Doch du stehst in allem und immer zu mir,
wer ich auch bin und was ich auch getan habe.
Stärke mich mit deiner heiligen Geisteskraft,
sodass ich zur rechten Zeit richtig handle
und Begonnenes zum guten Ende führen kann.

Vor dir, Herr, bleibt nichts verborgen.
Du siehst, wie verführerische Kräfte,
die ich längst aufgelöst glaubte,
mich besetzen und mein Bewusstsein trüben.
In ihnen atmet nicht dein Heiliger Geist:
Sie wollen spalten und mich zu Fall bringen.

Wie könnte ich, Herr, ohne dich leben
und ohne dich den Alltag bestehen?
Neue Versuchungen treten an mich heran.
Sie wollen mich von deiner Liebe trennen.
Habe ich eine Widerwärtigkeit überwunden,
fällt mir bereits eine neue in den Rücken.
Was wäre mein Leben, Herr, ohne dich?

Überwinden und wandeln

Wie könnte ich mein Leben lieben,
das viel Schweres und Bitterkeit in sich birgt
und einer Menge Leid ausgesetzt ist,
wenn du, Herr, nicht an meiner Seite wärest
als Sieger über alles Leid und den Tod?

Du zeigst mir, wie ich mich trotz Dunkelheit
immer dem Licht des Lebens zuwenden darf.
Du lehrst mich, mein Leben zu lieben
und Freude an allem Guten zu finden.

Vieles ist bei mir äußerst verachtenswert,
doch nur mit der Kraft deiner Liebe
kann ich es zum Guten hin wandeln.
Bewahre mich vor schlechten Gewohnheiten
und hilf mir, von Ungutem frei zu werden.
Deine Gegenwart ist mir Schutz und Schild.
Sie hilft mir, Dunkles zu überwinden,
damit du es für immer wandelst in Licht.

Unruhe plagt mich

Vieles von deiner geoffenbarten Weisheit
geht ein in mein Herz und wird zum
wesentlichen Bestandteil des Lebens.
Und doch erhebt sich aus meinem Inneren
immer wieder eine gefährliche Lust,
die unruhig macht und Erfüllung will.
Sie ist mit ihrer unbändigen Kraft in der Lage,
mich zu stören und abseitige Wege zu führen.

Ohne es zu wollen, gehe ich diese Wege sogar.
Was, Herr, habe ich wirklich von dir begriffen
und ich frage mich, wie es mit mir heute
und in Zukunft weitergehen soll?

Ich bitte dich, nimm meine Schwächen an
und wandle sie in Lebenskraft und Stärke.
Ich möchte mein Leben nach dir ausrichten,
sowohl innerlich als auch äußerlich,
und keinen Versuchungen mehr erliegen.
Lass mich immer das Rechte erkennen,
Blendungen und Täuschungen durchschauen
und kluge Entscheidungen treffen.
Darum bitte ich dich, Herr!

Gebet der Hingabe

Meine Seele darf sich nicht bei dem aufhalten,
was außerhalb von dir und geringer ist als du.
Sie kann die göttliche Ruhe des Sabbat,
die allen Geschöpfen zugrunde liegt
und nach der alles Geschaffene sich sehnt,
nur, Herr, in dir allein finden.

Zeig mir den Weg über alles Sichtbare hinaus,
über alles Denkbare und Vorstellbare,
und führe mich durch deinen Geist zu dem,
was jenseits alles Denkens und Sprechens
als ewiger Quellgrund in dir verborgen ist.

Herr, zeige mir den Weg und gib mir Einsicht,
wie ich mich im Gebet der Hingabe und immer
verhalten und auf dich verlassen soll.
Mein Ich und alles damit verbundene Gute
möchte ich dir geben und alles Sichtbare
überschreiten, um bei dir und mit dir zu sein
und in deiner göttlichen Ruhe zu ruhen.

Herr, ich werde still und schließe die Augen
und lasse in der Bitte um dein Erbarmen
alles zurück, was mich auf dem geraden Weg
zu dir hindert oder von dir abwenden will.

Über alles hinaus zu dir

Wenn ich mich im Gebet ganz in deine Hände
fallen lasse, angezogen von deiner Liebe,
kann mich nichts, was geringer ist als du,
von dir und der anziehenden Liebe abhalten.
Alles, was im Leben an erster Stelle stand,
opfere ich dir jetzt im Gebet der Ruhe auf:

Die Schönheit alles Geschaffenen,
die Natur und die Weite des Kosmos,
die körperliche und seelische Gesundheit,
das Heil der ganzen weiten Welt
und den Segen, der darauf ruht,
alle Gefühle, Gedanken und Worte,
die Kraft des Geistes und seine Auswirkung,
die Kunst, die Musik und den Gesang,
die Heilige Schrift, das Wort und die Bücher,
alle Gottesvorstellungen und die Philosophie,
die Wissenschaften und alle geistigen Werte,
die Freude, die der Geist fassen kann und alle
Verheißungen, Erwartungen und Hoffnungen.

Führe mich im Gebet der Hingabe zu dir,
führe mich in deine göttliche Ruhe –
über die Gemeinschaft der Heiligen,
über alle Scharen der Engel und Erzengel,
über alles Sichtbare und Unsichtbare,
über alles hinaus – zu dir.

Hoffnung für alle Geschöpfe

Vor der Schöpfung warst du bereits, Herr,
der Quell des Lebens, der niemals versiegt.
Wenn ich die Fülle der Schöpfung überschreite
und dabei alles Sichtbare zurücklasse,
finde ich zu dir, dem Einen, immer Seienden,
der der Urgrund meines Lebens und Zieles ist.

In dir ist alles Gute zugleich und vollkommen.
Du bist die Hoffnung für alle Geschöpfe,
der Höchste, der immer war, ist und sein wird.
Du bist die Liebe, das höchste, herrlichste Gut.

Alles, was ich aus deiner Hand empfange,
tritt vor dem zurück, was du selbst bist.
Mein Herz hast du, Herr, zu groß geschaffen,
als dass es Ruhe und Frieden in dem fände,
was zwar von dir ist, du aber nicht bist.

Wahre Ruhe und Friede werden mir nur zuteil,
wenn ich über alle Gaben und Geschöpfe
mich zu dir emporschwinge und ich mich
in dich fallenlasse und mich in dich versenke.

Es gibt keinen anderen Weg als die Hingabe,
bei der mein Herz und meine Seele in deine
göttliche Ruhe und Liebe eintauchen,
aus der du alle und alles geschaffen hast.

Du kommst mir entgegen

Ich wünsche mir Flügel, um zu dir zu fliegen,
um in deiner unendlichen Liebe zu ruhen.
Wann kommt die Zeit, in der du mich von
Bindungen und der Erdenschwere befreist?
Die nach unten ziehende Schwere lähmt mich.
Wann werde ich frei von den vielen Gedanken,
die trennen und das Eine nicht zulassen?

Herr, du siehst, wie sich Ungeduld einmischt
und fragend und trennend zwischen uns tritt.
Doch deine liebende Anziehung führt weiter.
Täglich sammle ich mich in dir und lerne,
im Gebet mein ganzes Sein dir zu übereignen.
Für dich mich zu vergessen, ist mein Wunsch.
Du kommst mir entgegen und nimmst mich an.

Vor dir zu seufzen und zu klagen, befreit mich.
Viel Ungutes strömt ungewollt auf mich ein.
Es beeindruckt mich stark, hält mich gefangen
und verwehrt mir im Gebet den Zugang zu dir.

Aber gerade dann rufe ich deinen Namen an
und suche den Weg zu dir in eine tiefere Ruhe,
wenn äußere Umstände mich beunruhigen.
In mein Seufzen und Klagen lege ich alles,
was mich beeindruckt und so stark belastet,
dass ich allein nicht damit fertigwerde.

Wisse die Wege

Du, Herr, wirst alles von mir nehmen,
was mich auf dem Weg zu dir hindert.
Du erlaubst es mir, deine Nähe zu fühlen,
vor dir zu schweigen und Ruhe zu finden.
Im Wissen, dass mein Schweigen zu dir redet,
weiß ich mich angenommen und geliebt.

Du erfüllst alles mit deinem göttlichen Segen.
Du kommst dem Bittenden eilends entgegen
und wendest dich den Armen liebevoll zu.
Den Sterbenden bietest du deine Hilfe an,
allen, die sich im Schatten des Todes befinden.
Du führst die Geängstigten aus ihrer Angst
und befreist die Gefangenen aus ihrer Not.

Bist du, Herr, in unserer Mitte gegenwärtig,
werden unsere Tage lichtvoll und froh.
Du lädst uns ein, zu deinem Tisch zu kommen,
und lässt uns reich werden durch deine Gaben.
Du lässt dein Angesicht über uns leuchten
und von dir geliebt zu werden, macht uns frei.

Mögen auch andere suchen, was ihnen beliebt:
Ich kenne den Weg. Nichts soll mich hindern,
ihn mit dir, Herr, zusammen weiterzugehen.
Du bist meine Hoffnung und mein Ziel.
Du bist der Höchste. Nichts kommt dir gleich.

Du befreist mich von aller dunklen Last,
die schwer auf meiner Seele liegt,
sodass ich deine Stimme in mir wieder hören
und deine liebende Gegenwart spüren kann.
Du führst mich in ein geheiligtes Schweigen,
bewegst mein Herz und erhellst meine Seele.
Du zeigst mir den Weg und befähigst mich,
mein Leben neu zu beginnen und zu gestalten.

Schweigen

Du, Herr, hast die Sehnsucht in mir entfacht,
dich zu suchen und dich zu finden.
Du zeigst mir, dass ich mich auf dem Weg
zu dir durch nichts aufhalten lassen soll.
In der betenden Wiederholung deines Namens
und der flehentlichen Bitte um dein Erbarmen
besteht das Gebet der Hingabe, das Ruhegebet.
Ich lerne es mehr und mehr, mich selbst,
meine Gedanken, mein Reden und Wirken
aufzugeben und mich auf dich zu verlassen.

Liebe zu dir hast du im Herzen geweckt;
möge sie nichts mehr überschatten und stören.
In deinem Erbarmen wendest du dich mir zu,
gewährst mir Einblick und Einsicht
und lässt mich die Wahrheit erkennen,
die mein Leben in neues Licht getaucht hat.

Mir fehlen, Herr, die Worte, dir zu danken.
Lass mich schweigen, denn du kennst mich.
In Dankbarkeit verneige ich mich vor dir
und preise das Wunder deiner Werke.

Du führst mich in der Weisheit des Vaters
und des Heiligen Geistes zum wahren Leben.
Dich lobe meine Seele durch Schweigen,
dich lobe und preise die gesamte Schöpfung.

Bitte um Einsicht

Öffne mein Herz für die verborgenen Gesetze,
die der gesamten Schöpfung zugrunde liegen.
Erhöre mein Gebet, selbst wenn ich schweige,
schenke mir Versöhnung und bleibe bei mir,
wenn ich mich auch manchmal von dir trenne.

Gib mir Einsicht in deinen göttlichen Plan,
damit ich Schicksalsabläufe erkenne,
um niemanden abzuweisen und ihm wehzutun.

Gib mir Zeit, um Zusammenhänge zu erwägen
und aus der Ruhe richtig handeln zu können.
Mein Dank für das, was ich von dir empfange,
ist klein und wird hinter allem zurückbleiben.
Wenn ich zu dir aufschaue, kann weder meine
Wahrnehmung noch mein Geist auch nur
einen Bruchteil deiner wahren Größe erfassen.

Gabe und Aufgabe

Jede seelische, geistige und materielle Gabe,
jede natürliche und übernatürliche Gabe,
stammt von dir und kündet von deiner Liebe.
Warum der eine mehr und der andere weniger
von deiner Zuwendung und Liebe empfängt,
gehört zu meinen vielen offenen Fragen.

Ohne dich hätten wir nicht das Geringste.
Du lässt niemanden fallen und sorgst für jeden.
Wer mehr erhält, darf sich nicht erheben.
Er sollte demütiger und dankbarer sein.
Der ist der Größte, so hast du mich gelehrt,
der vor dir so einfach und so klein sein kann
wie ein Kind, der keine Ansprüche stellt
und seinen Geist leer machen kann.

Wem jedoch zeitweilig weniger zuteilwird,
sollte sich nicht aufbäumen oder betrübt sein.
Ich bin sicher, dass von dir, Herr, mit der Zeit
eine ausgleichende Gerechtigkeit ausgeht,
die keinem mehr oder weniger
zukommen lässt, als ihm zusteht.

Du siehst nicht nach Verdienst und Ansehen.
Du weißt genau, was wir benötigen
und was uns zu unserem Heil führt.
Ich will mich deiner weisen Vorsehung
überlassen und schweigend hinnehmen,
was ich nicht ergründen kann.

Das größte Geschenk

Herr, ich besitze nichts, was glänzend ist
und in der Welt »groß und herrlich« macht.
Wenn ich auch ein wenig traurig darüber bin,
so spüre ich doch eine geistige Beweglichkeit,
die es ohne weltlichen Glanz leichter macht,
von dir angezogen und bewegt zu werden.
Sind nicht die Apostel, die Heiligen und alle,
die dir nachfolgen, Zeugen dieser Wahrheit?
Sie haben die Tiefe deiner Gnade erfahren
und das, wovor die »Welt« zurückschreckt.

Wer dich, Herr, liebt und dein Gutsein kennt,
den wird es erfreuen, deinen Willen zu tun
und deine Liebe in die Welt zu tragen.
Sein Glück ist unvergleichbar groß
und ihm macht es nichts, zuunterst zu stehen
und von allen der Kleinste zu sein.
Er fühlt sich auf dem letzten Platz ebenso
zufrieden wie auf einem der ersten Plätze.

Ihm bedeutet es nichts, ohne Namen zu sein.
Deinen Willen zu erfüllen und deinen Namen
zu verherrlichen, ist für ihn das höchste Gut.
Bist du, Herr, ihm nahe und erfüllst ihn
mit deiner göttlichen Liebe und deiner Gnade,
besitzt er das, was die Welt nicht geben kann.

Du vermagst alles

Herr, du hast mir Entscheidendes gesagt
und mir einen gangbaren Weg gezeigt,
der zu dir und zur Vollendung führt.
Deine Worte sind voll Weisheit und –
wenn du mir dabei hilfst – auch leicht
in die Tat umzusetzen und im Alltag zu leben.
Schenke mir immer Erkenntnis und Einsicht;
schenke mir aber vor allem Ausdauer,
den Weg des Ruhegebetes täglich zu gehen.

Ich habe wiederholt die Erfahrung gemacht:
Wenn ich das Beten nur einmal versäumt habe,
fehlt mir etwas sehr Wesentliches.
Ich gerate aus meiner Mitte und bin unruhig.

Du vermagst alles. Du hast große Freude,
wenn sich ein Mensch zu dir erhebt
und er sich täglich wandelt und bessert.
So unterstützt und beschleunigst du auch das
Heil und den Fortschritt meiner Seele.
Vermehre in mir das Vermögen,
dein Wort dir gemäß in die Tat umzusetzen,

und leite mich an, das Gebet der Hingabe
in rechter Weise und täglich zu beten.
Du bist der Weg, die Wahrheit und das Leben.
In dir weiß ich mich sicher und geborgen.

Dein Licht und deine Wahrheit

Herr, erleuchte mich mit der Klarheit
deines alles durchstrahlenden Lichtes
und vertreibe Dunkles und alle Schatten
aus meinem Herzen und aus meiner Seele.
Führe du mich von den vielen Gedanken
zu der Anrufung und Verherrlichung
deines allerheiligsten Namens.
Befreie mich von allen Versuchungen,
die mich immer wieder gewaltsam bestürmen.

Öffne Fenster und Türen in meinem Inneren,
sodass das Licht der Gnade die Seele berührt.
Aus diesem Licht wird in mir Frieden geboren
und im inneren Raum soll dein Lob erklingen.

Sende, Herr, dein Licht, denn ich bin
wie ein finsteres Land, das darauf wartet.
Im Licht wird der Grund der Seele einsehbar
und ich erkenne ganz deutlich in mir
deine alles überstrahlende Gegenwart.
Du wirst nicht nur mein Inneres erneuern
und lichtvoll gestalten, sondern auch die
Seelen der Menschen und das Antlitz der Erde.

Richte mein Herz, das oft niedergedrückt ist,
wieder auf, sodass die Sehnsucht dich erreicht.
Befreie es von Schatten und Verschattungen
und gib meinem Herzen einen Widerwillen
gegen alles, was es dunkel macht und einengt.
Ich möchte nicht an Vergänglichem hängen,
denn nichts Geschaffenes, Herr, außer dir,
vermag zur Quelle ewigen Lebens zu werden.

Sende Licht und Wahrheit in mein Herz,
in das der anderen und in die ganze Welt.
Deine Liebe, das unlösbare ewige Band,
das du zu mir und zu allen geknüpft hast,
möge das Angesicht der Erde erneuern.

Bewahre mich, Herr

Führe mich den Weg zur Vollkommenheit
und gib mir die Sicherheit deiner Gegenwart.
Verlasse mich nicht und sei mir nahe.
So werde ich zu Licht in der Dunkelheit
und inmitten vieler Sorgen unbesorgt sein.

Du bist zugegen und machst das Herz frei.
Bewahre mich vor Sünde und allem Unguten,
wenn es mich erneut in seinen Bann zieht.
Daher bitte ich dich noch einmal und täglich:
Bewahre mich vor erdrückenden Sorgen.

Gib mir die Gnade, in Freiheit zu entscheiden,
anstatt mich fremdbestimmen zu lassen.
Hilf mir, meine Begierden zu kultivieren,
um sie zum Wohl anderer einzusetzen.
Befreie mich von einengender Last der Seele,
sodass sie sich zu dir erheben kann.

Bewahre mich vor körperlichen Schmerzen
und vor Leid, damit ich nicht zerbreche.

Nimm alles von mir, was im Wege steht
und hindert, geistliche Fortschritte zu machen.
Schenke mir die Gnade, dir näherzukommen
und mehr an innerer Freiheit zu gewinnen.

Schenke mir Einsicht

Herr, ich finde kaum Worte, um dir zu danken
und dich zu loben. Doch du kennst mein Herz.
Und die Absicht, die ich hege, ist dir vertraut.
Nicht Leistung möchtest du von mir,
sondern dass ich im Gebet die Hingabe übe.

Ich bin auf diesem von dir gewiesenen Weg,
den zu gehen du mich in Geduld täglich lehrst.
Ich habe übergroße Freude, dir zu folgen,
und finde durch Hingabe geistige Erfüllung.

Und doch treten wieder Gegenkräfte auf,
die trennen wollen und mich zweifeln lassen.
Obwohl ich um ihre dunkle Macht weiß,
lasse ich sie zu und verbünde mich mit ihnen.

Hilf mir, richtig mit meinen sexuellen Kräften
und der flüchtigen Lust umzugehen.
Nimm alle Selbstgefälligkeit von mir
und befreie mich von allem eitlen Reden.

Wesentliches vom Unwesentlichen zu trennen,
ist ein weiterer Wunsch von mir. Aber auch:
Mach mich stark, um zu widerstehen.
Schenke mir Ausdauer in meinen Werken und
die Kraft, Begonnenes zu Ende zu führen.
Deiner Liebe will ich nichts vorziehen.
Erfülle mich täglich mit Heiligem Geist
und entzünde in mir das Feuer deiner Liebe.

Ich rief deinen Namen

Ich fühle mich so erhoben und so liebevoll
immer wieder von dir, Herr, angenommen,
obgleich die Erdenschwere nach unten zieht.

Deine entgrenzende Liebe allein hat die Kraft,
die Schwerkraft und das Schwere aufzuheben.
Trotz meiner Fehler darf ich sie empfangen.

Sie hilft mir in belasteten Lebenssituationen
und schützt mich vor unzähligen Abgründen.
Ich habe mich selbst zu sehr geliebt
und mein Ich zur Mitte von allem gemacht,
dabei habe ich mich selbst und dich verloren.

Doch dann, Herr, sprachst du voll Güte zu mir:
»Ich erkannte dich und rief deinen Namen.«
In deinem Licht fand ich mich selbst wieder.
Deine Liebe hat meine Liebe zu dir geweckt
und mich fähig gemacht, wiederzulieben.

Seither gehe ich meinen Weg mit dir, nein,
seither gehe ich deinen Weg mit dir.
Deine Liebe, Herr, übersteigt alles,
was ich zu hoffen oder zu bitten wage.

Himmlische Weisheit

Ich verneige mich vor dir, Herr,
und bitte um deinen Heiligen Geist,
damit meine Lebenskraft zunimmt
und, von Gnade durchdrungen, erfüllt wird.
Nimm alles, was auf dem Weg zu dir stört.
Jede nutzlose Sorge soll mein Herz verlassen.
Befreie es von allem unnötigen Ballast
und mache es weit, um dich und deine
unendliche Güte und Liebe zu fassen.

Gib mir einen klaren Blick für Wesentliches
und vor allem für die Wirklichkeit.
Ich sehe sie noch mit menschlichen Augen
und neige daher immer wieder zur Sünde.
Alles und alle sind in Bewegung, doch das
Bleibende ist geheimnisvoll in dir verborgen.
Erleuchte meine Seele mit dem Geheimnis
deiner unergründlichen und ewigen Liebe.

Schenke mir, dass Weisheit in mir aufgeht
und mich lehrt, dich zu finden.

Lass mich sensibel sein für deine Gegenwart,
gib mir Kraft, dich mit der Liebe zu lieben,
mit der du mich bisher geliebt hast und liebst.

Gewähre mir Einblick in Zusammenhänge
der Schöpfung und der vielen Schicksale,
sodass ich durch deine göttliche Weisheit
wahre Werte von unwahren unterscheide.
Gib mir Einsicht in menschliches Verhalten.
Ich möchte vergeben und alles richtig machen.

Eines ist mir zur Gewissheit geworden:
Nur mit deiner himmlischen Weisheit
vermag ich sicher zu stehen und zu gehen
und – bewegt von deiner Liebe zu mir –
voranzuschreiten und mich zu freuen.

Deine gütige Hand

Herr, ich wende mich im Gebet an dich:
Lass deinen Willen an mir geschehen.
Wenn ich auch aufgebracht bin und unruhig,
wenn ich es vor Spannung nicht aushalte:
Ich rufe immer neu deinen heiligen Namen an
und stelle mich unter dein Kreuz.

Ich möchte, darum bitte ich dich, aushalten
und mich in deine Liebe versenken.
Du kannst mich durch deine Liebe heilen
und mich durch sie zutiefst erfüllen.

Du wirst dem Sturm auf dem See gebieten
und Stille und tiefe Ruhe werden eintreten.
Wenn du deine allmächtige und gütige Hand
erhebst, wird auch unsere Angst schwinden.
Herr, ziehe mich zu dir, richte mich wieder auf
und lass mich nicht von dir getrennt sein.

Alles Leid hast du bisher von mir genommen.
Ich vertraue auf deine Barmherzigkeit:
Schenke mir die Gnade des Ruhegebetes
und befreie mich von aller Dunkelheit
und halte die Sünde von mir fern.

In meiner Not

Ich rufe im Gebet oftmals deinen Namen an.
Wenn ich auch Vielem nicht entrinnen kann,
so bist du, Herr, meine immerwährende Hilfe.
Du stehst zu mir und wendest alles zum Guten.

Herr, ich fühle mich oft in Not und bedrängt.
Mir ist, als läge eine schwere Last auf mir.
Sie drückt auf die Mitte meines Leibes
und lässt mich zeitweilig schwer atmen.
Furcht vor Ungewissem schnürt mich ein
und ich weiß nicht mehr, was ich sagen soll.

Ich rufe wieder und wieder deinen Namen
und überlasse im Gebet der Hingabe alles dir.
Meine Not, aus der ich zu dir rufe, ist groß.
Ohne deine Hilfe kann ich sie nicht abwenden.
Was sollte ich tun, wohin gehen ohne dich?
Schenke mir wieder einmal Geduld und Kraft,
ruhig zu bleiben, Unabwendbares zu bejahen,
denn so wandelst du Dunkles in mir in Licht.

In deine Hände

Ich bedarf noch größerer Gnade von dir,
um dahin zu gelangen, dass niemand
und nichts auf dem Weg zum Hindernis wird.
Solange mich noch irgendjemand aufhält,
vermag ich es nicht, mich frei zu erheben.
Gibt es etwas Ruhigeres, als in dir zu ruhen?
Ist nicht der völlig ungebunden und frei,
dessen Herz nichts Weltliches mehr verlangt?

Ich habe deine Worte gehört und verstanden,
doch bis zur Verwirklichung braucht es Zeit:
»Überschreite innerlich die geschöpfliche Welt
und verlasse dabei dich selbst, dein Denken
und Tun, deine Gefühle und dein Sprechen,
um nicht abzugleiten durch deine Gedanken.
Richte dich immer wieder erneut auf mich aus,
indem du, ohne viel Worte zu machen,
einfach wiederholt meinen Namen anrufst
oder eine Bitte um Erbarmen aussprichst.
Im Gebet werde ich dich zu mir ziehen.«

Der Weg, von dem du sprichst, ist zusammen
mit dir einfach und leicht zu gehen.
Doch oftmals will ich im Gebet der Hingabe
Eigenes tun und um etwas Bestimmtes bitten.
Befreie mich, um von deiner großen Liebe
angezogen und ganz erfüllt zu werden.
Da ich im Gebet noch viel zu viel denke,
fällt mir immer noch schwer, loszulassen,
dir zu vertrauen und alles vertrauend
dir in deine liebenden Hände zu legen.

Weisheit –
Geschenk des Himmels

Je mehr ich es lerne, innerlich loszulassen,
umso eher wirst du mir deine Gnade schenken,
die meine Seele hinausführt ins Weite.
Meine Worte allein haben wenig Gewicht,
wenn die Erfahrung im Glauben noch fehlt.
Da Worte, ohne von dir beseelt, nichtig sind,
wage ich nicht, viel von dir zu reden.
Oft zieht mich die Erdenschwere nach unten,
weil mich ein Thema so stark berührt,
dass ich es im Gebet nicht loslassen kann.

Wie groß, Herr, ist der Unterschied zwischen
einem von der Weisheit erfüllten Menschen –
jemandem, dem du Gotteserfahrung schenkst –
und einem geistlich belesenen Menschen!
Dieser besitzt sein Wissen durch Geistesarbeit,
doch den ganzen Menschen seelisch erfüllend
ist die Weisheit, die Geschenk ist von dir.
Viele Menschen sehnen sich geistig danach,
doch das Gebet der Hingabe kennen sie nicht,
um dadurch Heiligen Geist zu empfangen.

In Äußerlichkeiten zu verhaften und sich von ihnen gefangen nehmen zu lassen, versperrt den geradlinigen Weg in die Tiefe der Seele, der oft erst für uns durch Leid gangbar wird. Obgleich sie sich »Geistliche« nennen, bleibt vielen, da sie vergänglichen Dingen den Vorrang geben, der Weg zu einem geistlichen Leben verschlossen.

Herr, ich möchte für alle die Menschen beten, deren Leben veräußerlicht und sinnentleert ist, die nicht beten und keine Hingabe üben, die weder wissen, was innere Sammlung noch Versenkung in deine Liebe bedeutet.

Wie gebrechlich ist mein Wesen

Herr, bewahre mich dringend davor,
Schlechtes über andere zu reden.
Oft meine ich, es besser zu wissen,
und laufe Gefahr, mich über sie zu erheben.

Vordergründiges führt häufig bei mir dazu,
dass ich meine Gebetszeiten nicht einhalte,
sie verkürze und mir eine Ausrede einrede.
Ich wende mich nichtssagenden Dingen zu
und habe letztlich damit die Zeit vertan,
die ich dir, Herr, zurückschenken wollte.

Es gibt eine Menge unreiner Neigungen,
die sich mir immer wieder aufdrängen
und den Weg verstellen und verschatten,
den du, Herr, mir so liebevoll gewiesen hast.

Wie ich von diesen Kräften beherrscht werde
und wie sie mein Denken und Tun bestimmen,
wird mir oft zu spät und schmerzlich bewusst.
Wie gebrechlich und schwach ist mein Wesen!

Herr, wenn dein Wesen in mir anwesend ist –
danach allein sehnt sich meine Seele –,
durchströmst du mich mit göttlicher Kraft
und Liebe bestimmt mein Denken und Tun.

Äußerlichkeiten

Fast alle Menschen beurteilen andere
nach ihrer jeweiligen Leistung.
Es wird danach gefragt, was jemand tut,
aber nicht, aus welchem Geist er handelt.
Viele wollen wissen und reden darüber,
ob jemand dick oder dünn ist, reich, schön,
woher und aus welchem Elternhaus er kommt,
ob er Schriftsteller, Sänger oder Künstler ist.
Man interessiert sich sehr für das Privatleben
anderer, besonders bekannter Menschen,
und möchte ihnen gern Schlechtes anhängen.

Was jedoch ein Mensch durchgemacht hat,
aus welchen Einstellungen heraus er lebt,
welche Erfahrungen er gemacht hat –
danach wird nicht oder höchst selten gefragt.

Das Äußere fällt zunächst ins Auge
und die meisten bleiben hier stehen.
Den inneren Wert anderer zu entdecken,
ist vielen Menschen einfach zu mühsam.
Sie haben vielleicht Angst,
dort eigene Schwächen und Fehler zu sehen.

Wie töricht, Äußeres so wichtig zu nehmen
und sich selbst dabei zu täuschen.
Herr, deine Gnade richtet ihr Augenmerk
allein auf das Innere eines jeden Menschen.

Mein Gott und mein Alles

Mein Gott und mein Alles!
Was will ich mehr? Kann ich mir Größeres,
als von dir geliebt zu werden, wünschen?

Dieses Wort ist zu meinem Gebet geworden:
»Mein Gott und mein Alles!« –
so wie es auch der heilige Franziskus betete.

Wo ich auch bin, ich lege alles in dieses Wort.
Aus Liebe zu dir wiederhole ich das Gebet.
Der Verstand will es denkend durchdringen,
doch dann sucht er nach neuen Inhalten.

Mein Herz nimmt das Wort freudig auf,
verweilt bei ihm und will es nicht missen.
Mein Herz spürt, Herr, ob du zugegen bist.
Ich rufe immer mit diesem Wort nach dir.

Du schenkst mir eine wunderbare tiefe Ruhe.
Mein Auge machst du hell und ich sehe
das Gute stärker als das Gegenteil.
Alles weist auf deine Allgegenwart hin.

Ohne dich, Herr, verblasst jegliche Freude.
Wenn jedoch deine Gnade mich begleitet,
erstrahlt die Welt im Licht deiner Liebe.

Begegnung mit dir

Wer an dir, Herr, Gefallen findet,
wird erhalten, was deine göttliche Vorsehung
für ihn seit ewigen Zeiten bereithält.
Wer jedoch deine Weisheit noch nicht erhält,
dem fehlt Entscheidendes in diesem Leben
und Angst vor dem Tod kann sich ausbreiten.
Einzig an den Sinnen Geschmack zu finden,
trägt nicht weiter und ist nur von kurzer Dauer.

Auf dem Weg menschlicher Reifung
darf es keinen Stillstand geben.
Geistlicher Fortschritt bringt Sicherheit,
Erfüllung und tiefe innere Ruhe und Frieden.
Die Bewegung auf den unbewegten Beweger
vollzieht sich von Klarheit zu Klarheit,
von Ich-Befangenheit zur Freiheit,
von Dunkelheit ins Licht und
vom Unwissen in die Weisheit.

In der Dunkelheit darf ich das Licht schauen.
Ich sehe nicht mehr den Schatten in allem,
sondern das Gute, auch im Verborgenen.

Mit der gesamten Schöpfung und allen
will ich dich loben und preisen.

Von dir geht alles wirkliche Leben aus
und jede wahre Begegnung verantwortest du.
Du, Herr, bist es, der mir die Brücke vom
Schöpfer zum Geschöpf baut,
vom unerschaffenen zum erschaffenen Licht,
das in der Farbenpracht sich widerspiegelt.
Deine Liebe zu mir setzt jedoch eines voraus:
dass ich – auf dich vertrauend – mich auf den
Weg mache, aus mir herausgehe und meine
Füße auf die von dir erbaute Brücke setze.

Das ewige Licht

Du bist Licht vom Licht, das ewige Licht,
das alles erleuchtet und das erschaffene Licht
tausendfach und immer überstrahlt.
Sende einen Strahl dieses Lichtes in mein Herz
und entflamme es mit deiner Liebe.

Läutere und belebe meinen Geist,
sodass meine Seele, sich von allem befreit,
zu dir aufrichten und an dich wenden kann.
Lass mich wachsen und innerlich erfahren,
dass du mir alles in allem bist.
Ohne diese Gabe fehlt mir das Wesentliche:
Tiefe der Ruhe, Fülle der Freude
und Reichtum an Liebe.
Aber noch lebt in mir der »alte Mensch«,
der sich wider deinen göttlichen Geist empört
und meine Seele nicht zur Ruhe kommen lässt.

Zerstreue die widergöttlichen Kräfte in mir.
Sie versammeln sich unbemerkt im Inneren
und beraten, wie sie Unheil stiften können.
Wirf sie zu Boden, vernichte ihre bösen Pläne.

Lass dein Licht aufleuchten und erhelle alles,
was im Dunkel auf dein Licht wartet.

Du bist bei deiner Menschwerdung
als wahres Licht in die Welt gekommen,
um Menschen zu erleuchten, besonders die,
die sich im Schatten des Todes befinden.
Möge die Finsternis in ihnen und in mir
deinem göttlichen Licht weichen
und meine Seele dich als ewiges Licht
wahrnehmen und es innerlich aufnehmen.

Anwesend sein

Du gibst es mir immer wieder zu verstehen,
dass ich durch mein Denken und Sorgen
nicht viel ausrichten und bewirken kann.

Meine Kraft finde ich in dir,
wenn ich dir all meine Anliegen anheimstelle.
Ich bin auf dem Weg, den du mir seit Langem
anvertraut und gewiesen hast.

Doch fehlt mir noch eines:
ganz in der Gegenwart anwesend zu sein
und mich im Ruhegebet dir zu überlassen.

Ich bitte dich inständig, Herr,
ziehe im Gebet meinen Geist, der plant
und nach diesem und jenem Ausschau hält,
von allem zurück, was nicht du bist,
und erfülle mich mit deiner Gnade.

III. Teil
Mein Leben erhält Sinn

Mein Leben erhält Sinn

Womit hat der Mensch deine Gnade verdient?
Aus meiner Lebenserfahrung darf ich sagen:
Allein, Herr, vermag ich gar nichts.
Ich bin auf dich und den Strom deiner Liebe,
den du mir eröffnest, angewiesen,
denn von dorther erhalte ich mein Leben.

Bist du nicht bei mir, laufe ich Gefahr,
abzugleiten und nichtige Dinge zu tun.
Würdest du mich nicht stützen und formen,
wäre ich haltlos und fühlte mich ohnmächtig.

Herr, ich finde keine Gedanken und Worte,
die das ausdrücken, was du in Wahrheit bist.
Worte, die ich an dich richte, sind Fragment.
Du bist stets derselbe und bleibst es immer.
Du ordnest alles mit göttlicher Weisheit,
ohne dich hat jedoch gar nichts Bestand.

Ich ändere oft meine Haltung und Meinung,
bin ungeduldig und wenig beständig.
Reichst du mir deine gütige und milde Hand,
erhält mein Leben Sinn und Bedeutung.

Du stärkst mich, damit ich das Leben bestehe,
wo es brüchig ist und zu versinken droht.

Du festigst den Blick, verleihst mir Bestand,
sodass ich nicht länger voll Unruhe bin.
Ist mein Herz bei dir, tritt die Ruhe ein,
die mein Geist und meine Seele ersehnen,
die das Leben tragfähig macht
und auf die ich mein Sein gründen kann.

Alles Gute kommt von dir

Begegnungen mit Menschen werden sinnvoll,
wenn ich erfüllt und gestärkt aus der Stille
meines Gebetes der Hingabe komme.
Menschliches Zusammensein bleibt hohl,
bist du nicht anwesend und spürbar.
Ich danke dir für die Erkenntnis und Gnade,
die du mir fortwährend zukommen lässt.

Ich danke dir für das Gute, das von dir kommt.
Du gehst behutsam mit mir um und bist
liebevoll besorgt um das Heil meiner Seele.
Was wäre ich ohne dich? Heimatlos, unstet
und vor allem schwach und vielleicht krank.
Die Sehnsucht nach Ansehen und Zuwendung
zielt nicht auf Ehre, die mir andere erweisen,
sondern auf ein Angeschautwerden von dir.

Das Streben nach Ansehen und Ruhm
kann zu einer gefährlichen Krankheit ausarten
und viele Menschen merken es nicht einmal.

Ich befand mich auf dem abschüssigen Weg,
doch du hast mich liebevoll zurückgerufen.
Obgleich ich mich weit von dir entfernt hatte,
hast du mich erreicht und mir Liebe geschenkt.
Da ich mir selbst gefiel und ständig versuchte,
auch anderen zu gefallen, verlor ich dich
aus dem Blick und aus meinem Herzen.
Trotz Abkehr von dir erging dein Ruf an mich.

Ruhm, Ansehen und Freude

Du, Herr, hast mich zutiefst erfahren lassen,
worin Ruhm, Ansehen und Freude bestehen.

Wahrer Ruhm:
Nicht mehr ich verherrliche mich selbst,
sondern gebe dir in allem die Ehre.

Wirkliches Ansehen:
In der Welt in gutem Ansehen zu stehen,
ist von kurzer Dauer und nicht tiefgreifend.
Wenn du dich jedoch zu mir wendest, Herr,
mich anschaust und mir Ansehen verleihst,
bedeutet dies für mich das höchste Glück.

Heilige Freude:
Habe ich Gutes und Lohnendes erreicht,
entsteht in mir eine große und wahre Freude.
Heilige Freude jedoch bereitest du mir,
wenn ich im Gebet deinen Namen anrufe,
mich dir, Herr, ganz hingebe und du mir
entgegenkommst und neues Leben schenkst.

Dein Werk soll gepriesen werden,
dein Name sei gelobt, jetzt und in Ewigkeit.
Jede Gabe und alles Leben kommen von dir.
Möge der Strom deiner Liebe in mir fließen
und nicht durch Egoismus ins Stocken geraten.
Du bist meine Freude – täglich und immer.

Unendliches Erbarmen

Flüchtig ist vieles, denn es hat keinen Bestand.
Wesentliches und Bleibendes
kann von uns nicht geleistet werden –
du, Herr, bist es, der es uns schenkt.
Wie viel Torheit begehen wir, wenn wir
meinen, alles selbst leisten zu können.

Zeitliche Ehre, Ruhm und alle Hoheit der Welt
bedeuten im Hinblick auf dich rein gar nichts.
Nach nur kurzer Dauer welken sie dahin,
denn bei dir, Herr, haben sie keinen Bestand.
Du bist mehr, als ich je fassen kann:
Du bist die Wahrheit und das ewige Leben.

Erbarmen und göttliche Güte kommen von dir
und du weist niemanden zurück,
der sich aufmacht zu dir und dich bittet.
Du bist die Liebe, die keinen Anfang
und kein Ende kennt. Ich sage dir Dank
im Namen des Vaters und des Sohnes
und des Heiligen Geistes. Amen.

Durch Hingabe zum inneren Frieden

Ja, Herr, blind bin ich noch vielem gegenüber;
ich lasse mich durch Äußerlichkeiten blenden
und leide unter meiner falschen Wahl, wenn
alles nicht nach meinen Vorstellungen geht.
Im Vergleich zu dem, was ich dir antue,
ist das, was andere mir antun, gering.

Oft habe ich dich willentlich beleidigt
und hätte es nicht anders verdient,
als dass andere sich von mir abwenden.
Sollte mir erneut Herabsetzung widerfahren,
will ich sie geduldig hinnehmen und ertragen.
Ich spüre das Geheimnis des Glaubens,
doch sträube ich mich gegen das Loslassen
und Sterben im Gebet der Hingabe,
obwohl du es bist, der mich aufstehen lässt.

Allein durch Hingabe lehrst du mich den Weg
zur inneren Ruhe und zum Frieden.
Du lässt mich Standfestigkeit erfahren und
schenkst mir Durchsetzungskraft.

Tiefe, in Gott gegründete Ruhe zu erfahren,
gehört, Herr, zu den größten Gaben von dir.
Dies setzt voraus, von vielen Hindernissen und
großen Blockaden befreit zu sein.
Du schenkst mir Einsicht und geistige Kraft.
Du ordnest mein Leben und alles erhält Sinn.
Gib mir die Kraft, weiterzugehen, um am Ende
der Wanderschaft dir zu begegnen und einmal
für immer eins werden zu dürfen mit dir.

Bekenntnis

Herr, wie wenig von dem, was du mich lehrst,
habe ich begriffen und in die Tat umgesetzt!
Wir regen uns sogar schon maßlos auf,
wenn wir etwas Unwesentliches verlieren.
Und um eines unbedeutenden Vorteils willen
investieren wir Zeit und Kraft,
die wir besser einsetzen können.
Geistlichen Schaden bemerken wir kaum,
da wir ihn verdrängen, um nicht wegen eines
schlechten Gewissens daran zu denken.

Vieles Sinnlose habe ich im Blick.
Nutzloses, ohne es zu merken, nehme ich auf.
Es bringt mir und anderen großen Schaden.
Ich ziehe oft Menschen und Dinge an mich,
die mich auf die Dauer nach unten ziehen.

Ich vergeude oft meine Zeit mit Nichtigem,
doch dich, Herr, vernachlässige ich.
Nach alldem, was du mir zu verstehen gibst,
habe ich nur noch den einen Wunsch,
umzukehren und mich nach innen zu wenden.

Darf ich um Hilfe bitten, damit es gelingt?
Wahrhaftig, Gottes Sohn bist du.
Geleite mich auf dem rechten Weg zu dir
und lass mich Wahres vom Unwahren trennen.

Deine segnende Hand

Herr, sei mir barmherzig und hilf mir auch da,
wo menschliche Hilfe versagt und Leere sich
in meinem Inneren breitmacht.
Ich finde da keine Treue, wo ich sie erwarte.
Wenn ich allein auf Menschen hoffe und baue,
werde ich oft bitter enttäuscht.

Du bist treu und erweist allen Barmherzigkeit.
Ich will deinen Namen preisen in allem,
was mir auch immer begegnet und
was von dir verantwortet wird.
In dir hat alles Bestand. Auf dich allein, Herr,
kann ich mich verlassen und verlasse mich.
Sei du mein Halt, denn ich bin schwach
und lasse mich von anderen beeinflussen
und ändere allzu oft meine Meinung.

Schwer ist es, umsichtig und behutsam zu sein,
keiner Täuschung zu erliegen, Aufregungen zu
meiden, um nicht unerwartet in eine peinliche
Verlegenheit zu geraten.

Wer auf dich vertraut und dich mit seinem Herzen sucht, wird niemals fallen, weil du sein Heil und seine Stütze bist.

Ich danke dir von ganzem Herzen:
Als ich mich verstrickt hatte, in Not war und Bedrängnis mich zutiefst erschütterte,
hast du mir deine segnende Hand gereicht und mich von allen inneren Wirren befreit.

Wer dir vertraut und um dein Erbarmen bittet, darf auf deine liebevolle Zuwendung hoffen.
Menschliche Liebe allein ist nicht imstande, die auf uns zukommende Lebenslast zu tragen.
Daher bedürfen wir deiner ständigen Hilfe.
Du stehst immer zu uns und bist uns auch treu, wenn wir sündigen und uns von dir entfernen.

In Christus verwurzelt

Ich erinnere mich an ein geistliches Wort:
»Mein Geist ist fest gegründet in Christus und
in ihm verwurzelt« – sagt die heilige Agatha.
Wenn ich das von mir sagen könnte,
würde nichts mich erschüttern,
nichts mich ängstigen und keine spitze
Bemerkung mich verunsichern.
Ich möchte mit dir mein Leben angehen.
Wenn es jedoch eng und kritisch wird,
überfallen mich Unsicherheit und Ängste
und ich bin gefährdet und versucht,
in alte Fehler zurückzufallen.

Ich bin nicht stark und wissend genug,
um künftige Spannungen einzusehen
und daraus entstehenden Übeln vorzubeugen.
Da mich dunkle Ahnungen niederdrücken,
treffen mich unerwartete schwere Ereignisse
umso stärker und werfen mich aus der Bahn.

Warum habe ich mich nicht rechtzeitig in Acht
genommen und mich vorgesehen?
Warum habe ich anderen Menschen geglaubt
und ihnen so leichtgläubig vertraut?
Du, Herr, bist die Wahrheit, die nicht trügen
und betrogen werden kann.
Dir glaube ich aus tiefer Überzeugung
und ich möchte mich dir ganz anvertrauen.

Warum sind wir schwach und unbeständig?
Vor allem bin ich in Worten unzuverlässig
und noch überaus wankelmütig.
Herr, lass mich nicht alles sofort glauben,
was auf den ersten Blick glaubwürdig klingt.
Sei, wie du gesagt hast, gegenwärtig in mir
und schenke mir ein gutes Selbstbewusstsein.

Bewahren der Gnade

Du, Herr, hast mich weise gewarnt,
mich vor manchen Menschen zu hüten.
Denn ich habe alles geglaubt und getan,
was sie zu mir sagten und von mir wollten.
Schütze und bewahre mich vor ihrem
nichtssagenden leeren Geschwätz.
Lege mir ein wahres Wort in den Mund,
ein Wort, auf das ich mich verlassen kann.
Was mir bei anderen missfällt, davor will
ich mich hüten. Es soll mir fernbleiben.

Auf dein Wort hin nehme ich mir fest vor:
über andere nichts Schlechtes zu reden,
nicht alles zu glauben, was sie sagen,
und das Gehörte nicht weiterzutragen,
mich nur wenigen Menschen anzuvertrauen,
dich in jedes Geschehen mit einzubeziehen,
eine feste und klare Meinung zu haben,
mich nicht spontan umstimmen zu lassen,
erst dann zu reagieren und zu antworten,
wenn ich deinen Willen erfahre.

Zum Bewahren deiner Gnade hilft es mir,
Oberflächlichkeiten zu meiden,
weder Lob noch Anerkennung zu suchen,
sondern mich da bedenkenlos einzusetzen,
wo Leben Hilfe gebraucht.

Vielen hat es geschadet und manche sind
sogar daran zerbrochen, dass ihre Begabung
von der Öffentlichkeit ausgenutzt wurde.
Lehre mich, bescheiden zu sein und den
Schatz der Gnade, den du mir schenkst,
so lange wie möglich geheim zu halten.
Unser Leben ist und bleibt in dieser Welt
unvollkommen, anfechtbar und gebrechlich.
Hilf mir, mein Leben auch im Alltag
nach deinem Willen zu leben und zu bestehen.

Schenke mir dein Erbarmen

Ich wende mich dir zu und bitte um Hilfe.
Du kennst jeden Menschen und all das,
was er im Sinn hat und im Herzen hegt.
Gutes und Schlechtes ist dir nicht verborgen.
Sei du die Kraft meines Lebens.
Schenke mir Zuversicht, Glaube und Liebe.
Mein Bewusstsein ist eng und begrenzt,
auf es allein kann ich mich nicht verlassen.

Du siehst, was ich übersehe; du hörst, was ich
überhöre, und spürst das, was ich nicht spüre.
Nur mit dir überwinde ich alle Widrigkeiten.
Ohne dich habe ich Angst und fliehe,
doch zusammen mit dir, Herr, verstehe ich,
was sie mir sagen und was sie meinen.

Verzeih mir, wenn ich oberflächlich bin
und ständig Problemen aus dem Weg gehe.
Schenke mir Beständigkeit und Geduld.
Was kann es Größeres und Erhabeneres geben,
als im Gebet der Hingabe, dem Ruhegebet,
deinen Namen und deine Barmherzigkeit
anzurufen und alles andere dir zu überlassen?

Du vergibst und befreist mich von allem Übel.
Ich danke für diesen wunderbaren Gebetsweg,
der ohne Worte direkt zu dir führt.
Dein Erbarmen würde mich nicht erreichen,
wenn ich bei mir selbst stehen bliebe
und mein Ego in den Mittelpunkt stellte,
um vor anderen gut und glänzend dazustehen.
Ohne dein Erbarmen könnte ich nicht leben.

Ewiges Leben in der Nacht dieser Zeit

Herr, du hast mir das Ziel meines Lebens
vor Augen geführt, die himmlische Heimat,
den lichthellen Tag der Ewigkeit,
den ewigen Tag der Seligkeit,
den keine Nacht mehr verdunkelt.
Die höchste Wahrheit durchstrahlt ihn
wie das Licht der Sonne.
Es ist der Tag immerwährender Liebe.

Ich danke dir, Herr, du mein König,
dass du die Sonne dieses wunderbaren Tages
nicht vor mir verborgen hast,
sondern in mir aufgehen lässt.
Wenn auch die Strahlkraft deiner Liebe
oft überschattet und verdunkelt wird,
so spüre ich doch in meiner Seele
das strahlende Licht des Sonnenaufgangs.
Dafür sei dir, Herr, Dank –
jetzt und in alle Ewigkeit. Amen.

Lass mich seufzen vor dir

Diejenigen, die diese Welt überwunden
und endgültig zurückgelassen haben,
wissen um den immerwährenden Tag
der Ewigkeit, der Freudentag heißt.
In dieser Welt leben wir suchend als Fremde.
Um in unsere Heimat zurückzufinden,
hast du uns den geradlinigen Weg gezeigt.
Wir müssen ihn jedoch oft mühsam freilegen,
um erfolgreich zu dir fortschreiten zu können.

Wenn wir versuchen, gute Vorsätze
zu verwirklichen und in Hingabe alte
Eindrücke abzugeben, seufzen wir oftmals,
um uns frische Luft zu verschaffen.
Erlaube mir, Herr, mich unter dein Kreuz zu
stellen und laut vor dir zu seufzen.

Ich sehe viel Schmerz und Not in der Welt,
doch Neugier lenkt mich immer wieder ab,
Wesentliches zu begreifen und zu helfen.
Eigene Sorgen nehmen mich gefangen.
Versuchungen kommen und belasten mich.

Schuldgefühle treten auf und wiegen schwer.
Oft lähmt mich meine Angst und
mein Beten bleibt schal und leer.

Körperliches Verlangen drängt sich auf,
übermäßiger Konsum zerrt an meinen Nerven
und nimmt mir wesentliche Kraft zum Leben.
Auch bin ich von vieler Arbeit erschöpft
und vergesse mit dir, Herr, zu sprechen.
Ich bin in ungute Beziehungen verwickelt
und finde nicht aus ihnen heraus.
Es kommen viel Wünsche zum Vorschein,
deren Erfüllung dich beleidigen würde.
Ich stelle mich noch einmal unter dein Kreuz
und gebe alles ab, was mich bedrängt.

Zu dir rufe ich

Gib mir die Kraft, die Last geduldig zu tragen,
die ich mir durch Vergehen auferlegt habe.
Dir zu begegnen, ist meine Sehnsucht,
doch wie kann ich dich inmitten dieser Welt
erreichen und wie dich berühren?

Meine Seele spürt eine Sehnsucht nach dir
und wie sie von dir angezogen wird.
Doch Sorgen ziehen sie wieder nach unten.
Aus Liebe zu dir möchte ich vieles lassen,
doch bin ich in manchem zu sehr verhaftet.
Es fällt mir schwer, diese Spannung zwischen
meinem Körper und meiner Seele auszuhalten.
Gib meiner Seele und meinem Körper
deinen Frieden und die göttliche Ruhe.

Die größte Kraft meines Lebens

Im Gebet der Hingabe darf ich große Stille
und ruhevolle Wachheit erfahren.
Das Gefühl für Raum und Zeit schwindet,
doch dann holen mich Gedanken aus der Ruhe
und bringen mich wieder nach außen.
Es ist wie ein unerwünschter Überfall.

Doch du, Herr, führst mich wieder zur Quelle
und schenkst mir erneut tiefe Ruhe in dir.
Du bist die größte Kraft meines Lebens,
durch die ich alles ablegen kann,
was mir fremd ist und nicht zu mir gehört.
Das ist der Weg zur ewigen Wahrheit, denn du
bist der Weg, die Wahrheit und das Leben.
Komm mir zu Hilfe, damit rein gar nichts
mich von dir trennen kann.
Erfülle mein Herz mit Freude und alle Last
wird schwinden oder ich kann sie leicht tragen.

Verzeih mir, wenn ich immer wieder im Gebet
meinen Gedanken nachgehe und vergesse,
deinen heiligen Namen, Herr, anzurufen.

Oft bin ich nicht dort anwesend, wo ich bin,
und das ist, ohne Zweifel, bei dir.
Die Gedanken, die auf mich einströmen,
eilen voraus oder hängen Vergangenem nach.
Ich finde mich wieder, wohin mein Gedanke
mich fortreißt, und mein Bewusstsein
füllt sich mit dem, was du nicht bist.

Entreiße mich, Herr, den trügerischen
und zerstörerischen Mächten,
nimm von mir, was nicht zu mir gehört,
belichte meine Seele mit deinem Licht
und erfülle sie ganz mit deiner Liebe.

Eindrücke ausdrücken

Wo dein Schatz ist, da ist auch dein Herz.
Dies sind wichtige Worte von dir, Herr.
Oft fühle ich mich ganz verbunden mit dir.
Mein Sein, all meine Gefühle und Gedanken
sind auf dich ausgerichtet und du bist mir nah.

Und wiederum gibt es Zeiten, in denen ich
ausschließlich der irdischen Welt zugetan bin:
ihren Freuden und ihrem Leid.
Körperliche Begierden lösen böse Bilder aus,
die mich fesseln und verführen möchten.

Was immer bei mir zurzeit wichtig ist,
dahingezogen fühlt sich auch mein Herz
und davon rede und höre ich gern.
All dies beeindruckt mich stark und
hinterlässt Bilder und Eindrücke bei mir.
Wie glücklich darf sich derjenige schätzen,
der alles Böse und was ihn beeindruckt
im Gebet der Hingabe abgeben kann.

Sind die Hindernisse fort, findest du, Herr, Zugang zu mir und Platz in meinem Inneren. Ich sehne mich danach, in diesem Gebet lange verweilen zu dürfen, alle Hektik abzulegen, alle innere Bewegung zur Ruhe kommen zu lassen und mich voll Vertrauen in deine gütigen Hände fallen zu lassen.

Herr, bleibe bei mir

Mein Herr und mein Gott,
sei gepriesen jetzt und in Ewigkeit.
Wie du willst, so soll es geschehen.
Nicht in mir oder in jemand anderem
suche ich mein Heil, sondern du allein
bist der Heiland, meine Hoffnung und Freude.

Was bin ich ohne dich? Alles kommt von dir.
Dein ist alles, was du geschaffen hast.
Ich selbst kann mir nichts zuschreiben und
habe auch auf nichts einen Anspruch.
Ungelöste Fragen quälen mich noch immer.
Oft weiß ich nicht, wie es weitergehen soll,
das Herz verhärtet sich wie Stein,
meine Augen sind voll Tränen, ich habe Angst
und fürchte mich vor der Zukunft.

Ich sehne mich nach dem Ruhen in dir,
nach deinem tiefen Frieden, den du schenkst.
Immer wenn ich diesen Frieden erfahren darf,
erfüllst du meine Seele mit Licht
und voll der Freude verkündet sie dein Lob.

Niemals wirst du dich mir entziehen.
Nur ich bin es, der sich von dir entfernt
und den Weg mit dir verlässt.

Ich schäme mich und bitte um Verzeihung.
Die Erinnerung an gestern, als dein Licht noch
hell in mir und über mir strahlte,
ist stark, dass sie mich zu dir umkehren lässt.
Denn ohne dich kann ich nichts tun und bin
auch nicht gegen Versuchungen geschützt.
Sei bei mir und führe mich den Weg weiter,
den ich mit dir so erfolgreich begonnen habe.

Wann kommt die Zeit?

Wann kommt die Zeit, in der die schlechten
Gewohnheiten und Übel ein Ende nehmen?
Du sagst, dass ich auf dem rechten Weg bin.
Doch bin ich ungeduldig und oft unzufrieden.

Kommt die Zeit, in der ich dir nahe bin,
eine Zeit in deiner Nähe, die nicht vergeht?
Wann werden mein Herz und meine Seele
für immer die ersehnte Ruhe in dir finden?
Wann werde ich in dir dauerhaft glücklich sein
und mich niemals mehr von dir trennen?
Wann werden endlich die eisernen Ketten,
die mich an Irdisches binden, von mir abfallen
und mich vom seelischen Druck befreien?
Wann darf ich den unzerstörbaren Frieden
für die Welt und für mich erwarten?

Herr, wann wirst du mir so nahe sein,
dass ich in dein Angesicht schauen darf?
Wann offenbarst du mir die Herrlichkeit
und den Glanz deines ewigen Reiches?

Darf ich auf die wunderbare Zeit hoffen,
in der du mir alles in allem bist?
Ich weiß, dass ich die Welt mit ihren Schatten
erst bestehen und Aufgaben erfüllen muss,
um ganz bei dir zu sein und zu bleiben.

Geheimnis des Glaubens

Herr, ich weiß, dass du mich prüfst.
Gerade jetzt, wo ich zu dir rufe.
Trotz meiner Zweifel spüre ich im Inneren
eine liebende Verbindung zu dir
und vor allem eine mich tragende Kraft.
Du, Herr, hast mir zu verstehen gegeben,
dass die Zeiten der Prüfungen und des
Niedergedrücktseins nur kurz sind.
Da mich wieder Depressionen überfallen,
sehe ich kein Ende voraus und leide.

Schnell habe ich deine Worte vergessen
und ich fühle mich getrennt von deiner Liebe.
Vor den Erwartungen vieler versage ich;
deshalb ziehe ich mich von ihnen zurück.

Du siehst, wie einsam ich bin und
wie ich unter alldem maßlos leide.
Herr, ich warte sehnsüchtig auf dein Wort.
Lass doch wieder das Morgenrot deiner Liebe
in meiner Seele aufgehen, sodass ich vom
»Tod« inmitten des Lebens auferstehen kann.

So wird auch an mir offenbar:
das Geheimnis des Glaubens.
Deinen Tod, o Herr, verkünden wir
und deine Auferstehung preisen wir.

Gnade und Leid

Wie, Herr, kann ich deinen Willen erkennen?
Ich möchte ihn bejahen und ihn befolgen.
Doch erkenne ich leider erst sehr spät,
welch wandelnde Kraft das Leid hat,
das mir auferlegt wurde und ich tragen muss.

Ich sehe jedoch in diesem Leid keine Gnade
und kann dir dafür nicht danken.
Nichts in dieser Welt geschieht grundlos.
Der Zusammenhang von Gnade und Leid
bleibt mir verschlossen und ist für mich
ein unergründliches Geheimnis.

Jedes Leid hat meine Beziehung zu dir
verändert und zutiefst bereichert.
Ich bin demütiger und dankbarer geworden.
Überheblichkeit und Stolz gibt es nicht mehr.

Vor allem fällt es mir nach Phasen des Leids
leichter, deinen Willen, Herr, zu erkennen,
und ich spüre, ob ich mich einbringen muss
oder ob Schweigen angesagt ist.

Ich lerne, rücksichtsvoller zu sein,
andere nicht zu bedrängen oder ihnen
etwas nach meinem Sinn vorzuschreiben.
Ich möchte weder Gegner noch Feinde haben.
Andere werden zwar für mich zu einer
Herausforderung, doch sehe ich sie
in deinem Licht, das unsere Wege erhellt.

Ich verstehe nicht …

Herr, mein Leben liegt in deiner Hand.
Was ich von dir empfange, ist gut für mich.
Ich habe Gewissheit, doch fehlt mir Geduld,
wenn Leid und Schmerzen mich überfallen.
Zweifel und Angst breiten sich in mir aus
und beeinflussen mein Denken und Tun.

Niemand konnte mir eine Antwort geben:
Warum leiden manche Menschen, Kinder
oder Tiere so entsetzlich und müssen
oft auf grausame Weise sterben?
Herr, ich verstehe vieles unter der Sonne nicht
und bitte dich inständig um Einsicht.

Gepriesen sei Gott, der in Ewigkeit lebt,
sein Königtum sei gepriesen.
Er züchtigt und hat auch wieder Erbarmen;
er führt hinab in die Unterwelt
und führt auch wieder zum Leben.

(Tobit 13,1–2)

Herr, segne mich

Immer wieder lege ich, wie du mich lehrst,
im Gebet meinen Geist in deine Hände –
meine Gefühle, die Gedanken, meinen Willen,
all meine Vorstellungen und die vielen Bilder.

Ich öffne mich dir und verlasse mich auf dich,
damit du mich neu formen und bilden kannst.
Aufbrüche, die du in mir bewirkst,
sind oft schmerzhaft und unangenehm.
Doch weiß ich, dass du es gut mit mir meinst.

So versuche ich geduldig und ruhig zu bleiben.
Meine Eigenwilligkeit steht mir oft im Weg
und ich verhalte mich starr und unbeugsam.

Lass nicht ab, mich nach deinem Willen
zu formen, bis ich endlich feinfühlig werde für
deine göttliche Botschaft und deinen Segen.
Dir, Herr, überlasse ich mich ganz
mit allem, was ich bin und habe,
damit ich durch deine Gnade heil werde.

Vor dir kann ich nichts verbergen.
Kein Gedanke von mir ist dir fremd
und keine Regung des Herzens unbekannt.
Nichts ist dir verborgen, du weißt alles,
bevor ich es denke und tue.

Du weißt, was für mich das Richtige ist,
um Verhärtungen und Hindernisse zu lösen
und den Rost von meiner Seele zu befreien.
Ich will mich in dich hineinfallen lassen,
mich in dich versenken und mich verlieren.
Schaue auf mein Leben und seine Schatten.
Wende den Blick nicht ab von mir,
reiche mir deine Hand und gib mir Ansehen.
Lass das Licht deiner Liebe in mir leuchten
und schenke mir deinen göttlichen Segen.

Bitte um Einsicht

Lehre mich, Herr, das zu begreifen,
was ich begreifen soll,
und die Zeichen wahrzunehmen,
die du mir vor Augen führst.
Mach meine Seele licht und mein Herz weit
und lass mich lieben, was du, Herr, zu lieben
für mich bereitet hast seit Anbeginn.

Schenke mir die Gabe der Unterscheidung,
um all das zu würdigen, was kostbar ist,
und das abzulehnen, was Leben zerstört.

Gib mir eine tiefe Wahrnehmung,
damit ich mich nicht blenden lasse,
nicht nach dem Hörensagen urteile
und Meinungen anderer übernehme.

Schenke mir Einsicht in die geistige Welt,
so wie sie der Wahrheit entspricht.
Lass mich in allem deinen Willen erkennen
und befähige mich, ihn tatkräftig zum Heil
der Menschen und der Schöpfung umzusetzen.

Der Weg, die Wahrheit und das Leben

Wahrnehmung durch die Sinne kann täuschen
und jemanden, selbst mit guter Absicht,
ins Abseits und in die Irre führen.
Wahrnehmung bedeutet nicht immer,
vom Wahren zu nehmen.

Ist jemandem eine tiefere Dimension
des Seins nicht zugänglich
und ist er zudem noch im Sinnfälligen
verhaftet und unfrei,
kann er die Dinge nicht so wahrnehmen,
wie sie in Wirklichkeit sind.
Er fällt Täuschungen zum Opfer
und bitteres Leid bleibt nicht aus.

Allzu leicht nur täuscht
ein Blinder einen Blinden,
wie schnell betrügt
der Falsche einen Falschen
und macht der Schwache
einem Schwachen etwas vor.

Herr, schenke mir ein starkes Bewusstsein
im Glauben und die Fähigkeit der Hingabe,
lehre mich, zu unterscheiden
und vor allem Wahres zu erkennen.
Führe und geleite mich, denn du bist:
der Weg, die Wahrheit und das Leben.

Unergründlich ist deine Weisheit

Hätte ich doch Einblick in deine Gerechtigkeit,
könnte ich Zusammenhänge sehen zwischen
Schuld und Leid, zwischen Vergebung und
Gnade, blieben mir Umwege erspart.
Doch vieles bleibt für mich noch uneinsehbar.

Wenn mir Leidvolles widerfährt, ist das
die Antwort auf mein sündhaftes Verhalten?
So darf ich nicht denken und fragen!
Bekomme ich das, was ich verdient habe?
Nein, du lässt mich deine Liebe erfahren,
selbst wenn ich mich von dir abwende.

Unergründlich ist deine göttliche Weisheit.
Kehre ich um zu dir, schenkst du mir
in deiner großen Güte reiche Vergebung.
Du, Herr, schaust nicht auf meine Schuld,
erinnerst nicht daran und trägst sie nicht nach.
Zu wunderbar und nicht zu fassen
ist für mich deine entgegenkommende Liebe.
Ich habe sie nicht verdient,
doch du schenkst sie mir in Fülle.

Du bist reich an Güte und voll des Erbarmens.
Du siehst nur auf das Gute und möchtest nicht,
dass deine Geschöpfe leiden – wer es auch ist.
Den Reichtum der Güte, die Fülle der Liebe,
lässt du offenbar werden an mir, der sündigt.

Du neigst dich mir zu und reinigst mein Herz,
du weitest es und schenkst meiner Seele Licht.
Nur du allein weißt um mich und kennst mich.
Du bietest mir gütig an, das zu ergänzen,
was du mit mir begonnen hast und mir fehlt.

Was hast du vor mit mir?

Du hast mich so reich beschenkt mit Gnade,
dass ich mich frage, womit ich all das Gute,
das von dir kommt, verdient habe.
Schaue ich auf mich, kann ich weder auf
große Taten noch auf viel Gutes blicken.
Vieles führte mich auf Abwege,
die ich erst spät als solche erkannte.
Und auch dann fehlten mir der Mut
und der Sinn zur radikalen Umkehr;
mich langsam zu bessern, war ich zu träge.

Vor anderen habe ich mich gerechtfertigt
und meine Schattenseiten versteckt.
Mein gesamtes Leben liegt offen vor dir
und du bedarfst keines Wortes mehr von mir.
Doch möchte ich die Worte aussprechen,
damit ich Einsicht gewinne und Klarheit.
Nur so kann ich meinen Standort ausloten.

Ich frage: Was hast du, Herr, mit mir vor?
Schau nicht auf mein früheres Leben,
meine Fehler und meine Sünden, sondern

auf die guten Absichten und die Liebe zu dir. Schenke mir in deinem Erbarmen Vergebung und die Kraft, aufrecht zu sein und den Weg zu dir nicht wieder zu verlassen.

Du hast meine Seele berührt

Herr, ich beschäftige mich noch immer mit mir
und mit meinen Fehlern und Sünden.
Sie sind zu tief verwurzelt und es tut mir gut,
nicht darüber schweigen zu müssen.
Wenn ich mir das Ungute vor Augen führe,
schäme ich mich vor dir und möchte vergehen.
Du sagst mir jedoch, alles auf dich hin
loszulassen und dir mein Herz zu öffnen.
Doch viele Hindernisse blockieren den Weg.
Daher möchte ich dir noch einmal
aus der Tiefe meines Herzens sagen:
»Herr, Jesus Christus, ich habe vor dir
gesündigt. Erbarme dich meiner!«

Ohne dich wäre ich nicht in der Lage,
das Land des Schattens zu verlassen,
um in dein wunderbares Licht zu gelangen.
Ich habe es durchaus verstanden,
dass ich im Gebet der Hingabe »arm« sein
und »sterben« muss, damit du mich zu neuem
Leben erwecken und beschenken kannst.
Die Hingabe an dich, Herr, fordert jedoch

mehr von mir als nur Verständnis
oder die Ausrichtung des Willens auf dich.

Es ist nicht leicht, mich zurückzunehmen,
im Gebet keine Erwartungen an dich zu haben
und neben allem Tun auch alle Gedanken
und Gefühle dir zu überlassen.
Kommst du mir jedoch entgegen und lässt
mich deine tiefe göttliche Ruhe erfahren,
erfüllt sie mein Inneres, schenkt mir neue
Lebenskraft und einen tieferen Glauben.
Ich spüre dein liebendes Entgegenkommen
und deine segnende Hand.
Mein Gewissen ist beruhigt im Wissen,
dass du mir die Sünde verzeihst.
Du, Herr, hast meine Verbindung zu dir
erneuert und meine Seele berührt.

Gib mir einen neuen beständigen Geist

Das Opfer, das dir, Herr, wohlgefälliger ist
als alle Worte, Riten und Handlungen,
ist die absolute Hingabe im Gebet.
Wie kann ich dir mehr entgegenkommen,
als alles zu lassen, um von deiner Liebe
angezogen zu werden und das zu empfangen,
was du für mich vorgesehen hast.

Die Begegnung mit dir, Herr,
schenkt mir Befreiung.
Durch deine Nähe fällt alles ab,
was nicht zu mir gehört.

Du heilst, was verwundet ist,
und befreist mich von allem,
was sich durch meine Sünde
dir in den Weg gestellt hat.
Jubeln möchte ich vor Freude
und deinen Namen ausrufen überall!

Im Streit mit der Dunkelheit

Du hast mich nach deinem Bild erschaffen.
Schenke mir, Herr, deine Gnade und Liebe.
Sie ist unentbehrlich und heilsnotwendig.
Breite deine Gnade über mir aus,
damit mein Inneres licht wird und Finsternis
und alle Schatten meines Lebens vergehen.

Oft setze ich gute Gefühle und Gedanken
nicht in die Tat um und es geschieht
das Gegenteil, das ich nicht will.
Nicht mehr mein Ich handelt,
sondern eine dunkle Kraft in mir.
Obwohl ich das Gute möchte, tue ich das Böse
und lasse mich auf seine Verlockungen ein.

Wendest du dich mir trotzdem zu,
erfreue ich mich an deiner Gnade.
Diese lichtvolle Gabe aus deiner Hand
liegt dann im Streit mit der Dunkelheit in
meinem Inneren, die mich gefangen hält.
Aber nur dann gelingt es mir,
den Leidenschaften zu widerstehen,

wenn du deine Gnade nicht zurückziehst
und sie mein Herz berührt, es entflammt
und deine Gnade mich in meinem Tun
unterstützt, lenkt und leitet.

Sende aus deinen Heiligen Geist

Herr, ich bedarf deiner großen Gnade,
um den dunklen Kräften abzusagen.
Der erste Mensch, der dich liebend schaute,
hat sich durch eine freie Willensentscheidung
radikal von dir getrennt.
Seither tragen wir nicht nur dein Bild in uns,
sondern auch der Keim des Bösen
wuchert und wütet in uns.

Das Wesen des Menschen ist gut und rein.
Doch durch das Sein-Wollen wie Gott
ist es zerrüttet, anfällig und krank.
Im Ruhegebet fühle ich die gesund gebliebene
Kraft meiner Seele in mir wie einen Funken
unter der Asche, der auflodern möchte.
Dieses göttliche Urlicht möchte mein Wesen,
ja, mein gesamtes Leben belichten.

Ich vermag Wahres vom Unwahren zu trennen
und Gutes vom Bösen zu unterscheiden,
doch fehlt mir oftmals der Mut und die Kraft,
mich für das Gute zu entscheiden.

Noch bin ich nicht fähig, die volle Wahrheit
in deinem Licht zu schauen und zu erkennen.
Mag ich mich noch so anstrengen:
Durch mein Wollen allein ist es nicht möglich,
das Feuer deiner Liebe in mir zu entfachen.
Sende aus deinen Heiligen Geist
und alles wird neu geschaffen werden.

Mein Versagen ist groß

Ich bedarf, Herr, deiner liebenden Zuwendung.
Das, was du lehrst, sehe ich ein
und ich habe eine große Freude daran.
Deine Weisung ist gut, gerecht und heilig.
Sie leitet mich an, dem Bösen eine Absage
zu erteilen und die Sünde zu meiden.

Doch in mir ist auch ein Gesetz der Sünde,
sodass ich oft meiner Sinnlichkeit mehr
als der Vernunft und deinem Willen gehorche.
Ich möchte unbedingt das Gute tun.
Wenn ich es aber verwirklichen will,
binden mich dunkle Kräfte
und ich versage durch Nichtstun.

Ich nehme mir viel Gutes vor,
doch beim geringsten Widerstand gebe ich auf.
Ich meine keine Kraft zu haben und zweifle.
Herr, komm mit deiner Barmherzigkeit
meiner Schwachheit zuvor und gib mir Kraft.
Ich sehe den Weg, den du mir bereitet hast,
und weiß, wie notwendig und heilbringend
es für mich ist, ihn auch zu gehen.

Mir steht zwar vor Augen, was ich tun
und was ich nicht tun und meiden sollte.
Doch versage ich, indem ich das Gebet der
Hingabe vernachlässige und zu wenig bete.
Allzu oft nur treffe ich eine falsche Wahl,
die in die Enge führt und mich belastet.
Herr, schenke mir Einsicht in deinen Plan
und lass mich rechte Entscheidungen fällen.

Glaube, Hoffnung und Liebe

Herr, deine Gnade ist für mich heilsnotwendig,
um täglich wieder neu zu beginnen und das,
womit ich begonnen habe, fortzusetzen.
Mein Anteil ist gering, doch du kannst
alles vollenden, was der Vollendung bedarf.
Ohne dich kann ich nichts, doch alles mit dir.

Schwingt deine Gnade nicht mit, bin ich
getrennt von dir und alles ist sinnlos.
Die Schönheiten der Natur sind verschlossen,
ebenso der Zugang zu meinen Mitmenschen,
zur Kunst und Wissenschaft, zum Gebet und
zur Heiligen Schrift wie auch zur Eucharistie.

Die Gaben der Natur gehören allen Menschen,
unabhängig von dem, was sie getan haben.
So wird auch die Gnade und die Liebe
denen geschenkt, die sich danach sehnen.
Doch müssen wir uns von Abhängigkeiten
befreien und das Leben auf Gott ausrichten.

Ohne die Gnade haben weder Betrachtung, Auslegung der Schrift noch Wissen Wert. Ohne die Gnade führt der Glaube nicht zum wirklichen Glauben, die Hoffnung nicht zu einer lebendigen überzeugten Hoffnung und die Liebe nicht zu einer alles erfüllenden und bei uns bleibenden Liebe.

Sättige mich mit deiner Gnade

Die göttliche Liebe und die Gnade
sind das größte und erhabenste Geschenk,
das der Schöpfer uns zukommen lässt.
Alle, die sich der Gnade im Gebet öffnen –
sich also in die Armut des Geistes einüben –,
werden von dir, Herr, überreich beschenkt.
Die mit vielen Gaben und Gutem Gesegneten
geben Empfangenes an andere weiter.

Schau auf mich und nimm die Schuld von mir.
Gib mir ein weises und weites Herz
und sättige mich mit deiner Gnade.
Ich will dich loben und mich freuen alle Tage.
Herr, Jesus Christus, lass mich in deinen
Augen Gnade finden, denn sie bedeutet mir
alles und gibt meinen Leben Sinn.

Ich fürchte nichts, solange mich deine Gnade
umfängt und mich behütend begleitet.
Sie ist die Kraft meines Lebens und gibt mir
Hilfe und Rat; sie ist mächtiger als meine
Feinde und übertrifft alle an Weisheit.

… und sie verjagt die Traurigkeit

Die Gnade, Herr, die du mir schenkst,
zeigt mir die Wahrheit.
Sie lehrt mich, Wesentliches zu sehen,
und erleuchtet die Seele.
Sie führt mich aus der Bedrängnis
und verjagt die Traurigkeit.
Sie nimmt alle Furcht von mir
und bahnt mir den Weg zum Leben.

Was bin ich ohne die Gnade
anderes als ein Blatt im Wind,
das seine Vebindung
mit dem Baum des Lebens verloren hat?
Es ist leblos, taugt zu nichts mehr,
welkt, verdorrt und vergeht.
Herr, deine Gnade komme mir
in allem zuvor und geleite mich.
Sie lasse mich niemals müde werden,
Gutes zu tun und zu lieben.

Wenn du mich ansprichst

Herr Jesus, der Weg, den du in dieser Welt
gegangen bist, war schmal und steinig
und von vielen wurdest du verachtet.
Wenn ich dir nachfolge, erleide ich dann
das gleiche Schicksal wie du?
Steht doch der Jünger nicht über seinem Herrn.

Ich möchte mich an deinem Leben orientieren
und aus dir Kraft schöpfen,
damit ich mein Leben bestehen
und mich, wenn nötig, behaupten kann.
In dir suche und finde ich
mein ersehntes Heil und wahre Heiligkeit.
Was ich außer deinen Worten lese oder höre,
bedeutet mir nichts. Wenn du mich ansprichst,
fallen deine Worte direkt in mein Herz.

Bleibe bei mir

Herr Jesus Christus, was du gesagt hast,
das soll an mir wahr werden
und seine Erfüllung finden.
Alles möge mir mit deiner Gnade gelingen.
Ich tue die ersten Schritte auf dem Weg zu dir
und weiß, dass es mir nicht möglich ist,
das auferlegte Kreuz zu umgehen.
Mit dir zusammen ist es leichter zu tragen.

Ich möchte bejahend den Weg bis zum Tod
und darüber hinaus gehen.
Für viele Menschen ist das ganze Leben ein
unerträgliches Kreuz.
Für sie möchte ich beten.
Herr, stehe ihnen bei und erlöse sie.
Schenke ihnen auf ihrem schweren Weg
Befreiung von dieser Last und Erlösung.

Durch dich ist Leben wesentlich und sinnvoll.
Doch spüre ich auch Verantwortung
für mich selbst, für andere und die Schöpfung.
Du, Herr, hast mich auf diesen Weg gerufen.

Keinen Schritt zurück mehr möchte ich tun,
sondern ich möchte voranschreiten.
Bleibe bei mir, Herr, nicht nur an meiner Seite,
sondern auch in meinem Herzen.

Du gehst uns voraus

Mein Wunsch ist es,
dass viele den Weg mit dir zusammen gehen.
Du, Herr, wirst allen,
die sich aufmachen zu dir, entgegenkommen.
Du wirst ihnen nahe sein
und das Kreuz eines jeden von uns mittragen.
Durch dich wird jede Last leicht
und alle Sorge und Angst schwinden,
denn du gehst uns voraus,
um uns sicher durch die Finsternis zu führen.

Du bist unser Heil und Heiland,
der für uns eintritt und den Weg weist.
Du wirst uns in jeder Versuchung beistehen
und aus jeder Gefahr retten.
Sei du unser Herr und Heiland,
dem wir uns bedenkenlos anvertrauen.
Dir und deiner Botschaft treu zu bleiben,
ist unser sehnsüchtiges Verlangen.

Auf dem rechten Weg in dein Reich

Herr, ich danke dir für deine Weisung,
die du mir zukommen lässt.
Sie schenkt mir Trost
und ist Nahrung für meine Seele.
Was würde in Zeiten der Bedrängnis
und Angst aus mir werden,
wenn du mich nicht mit deinem Wort
und deiner Gnade stärken würdest?

Du wirst mir Heil in Fülle schenken –
darauf baue ich mein Vertrauen.
Ich werde nicht an die Leiden denken,
die ich ertragen musste.
Wenn du mich aus dieser Welt rufst,
so lass mich wohlvorbereitet, ruhig
und bei vollem Bewusstsein
dir mein Leben in deine Hände legen.
Gedenke meiner und geleite mich
auf dem rechten Weg in dein Reich.

Wo du bist, da ist Himmel

Herr, du hast mir ein Urvertrauen
in meine Seele gesenkt.
Du gibst mir Halt und du bist
das Wichtigste in meinem Leben.
Wer oder was könnte es anderes sein als du?
Deine Barmherzigkeit, deine Güte und Treue
sind grenzenlos.

Ohne dich ginge es mir niemals gut,
doch mit dir immer.
Lieber möchte ich deinetwegen arm sein
als reich ohne dich,
lieber mit dir auf Erden sein als ohne dich
den Himmel besitzen.
Wo du zugegen bist, Herr, da ist Himmel,
wo du nicht bist,
herrschen widergöttliche Kräfte und der Tod.

Ich habe Sehnsucht nach deiner Nähe,
darum rufe ich immer wieder zu dir.
Vertrauend, bedenkenlos und hingebend
kann ich mich auf dich verlassen.

In Not und Gefahr wirst du mir beistehen.
Du kennst für mich die rechte Stunde
und schenkst mir deinen Beistand.
Auf dich verlasse ich mich,
auf dich vertraue ich, auf dich hoffe ich.
Du bist mir auf ewig treu, bleibst bei mir
und nimmst mir die Angst vor dem Tod.

Du hast mich erhört

Oft bin ich von Menschen enttäuscht,
die in allem ihren Vorteil suchen.
Du, Herr, suchst nur mein Heil,
meinen Fortschritt im Guten
und lenkst alles für mich zum Besten –
obwohl ich vieles nicht einsehe.
Ich kann es nicht oft genug
aus deinem Munde hören:
Alle Versuchungen, die an mich herantreten,
alle Prüfungen, die ich bestehen soll,
alle Last, die es zu tragen gilt, und das Leid,
das mir auferlegt ist –
alles, sagst du, Herr, sei zu meinem Besten.

Verzeih mir, wenn ich mitunter seufze
oder mich oft bei dir beklage,
stöhne, seufze oder gar weine,
denn ich habe immer noch keinen Einblick
in die Zusammenhänge zwischen
der himmlischen Freude und dem Leid.
Oft rufe ich zu dir und bitte um Hilfe.
In diesen Zeiten gelingt es mir nicht,

dich zu loben und zu preisen,
weil es mir schlecht geht und ich leide.
Doch immer hast du mir in allem,
was auch geschah, zur Seite gestanden.
Du hast mein Rufen gehört und mich immer
erhört, wenn die Zeit recht war.

Du bist der Herr, mein Arzt

Auf dich allein, Herr,
setze ich meine ganze Hoffnung.
Dir vertraue ich, denn du bist meine Rettung.
Mit allem, was ich nicht verstehe,
was mich bedrückt und bedrängt
und oft krank macht, komme ich zu dir.

Wenn du, Herr, mir nicht beistehst,
wenn du mir nicht hilfst,
wenn du mich nicht stärkst,
wenn du mich nicht belehrst und schützt,
dann wird keine Freundschaft
und keine Liebe für mich Bestand haben,
dann versagen alle starken Helfer
und kein Arzt kann mir helfen,
sind die besten Ratgeber nicht imstande,
mir einen klugen Rat zu geben,
sagen die Bücher mir rein gar nichts,
bleibt die beste Arznei ohne Wirkung,
kann kein Ort, sei er noch so abgelegen,
mir Schutz und Frieden gewähren,
findet meine Seele weder Frieden noch Ruhe.

Segne meine Seele

Alles, was Glück und Frieden verheißt,
bedeutet mir nichts,
wenn du, Herr, nicht wahrhaft zugegen bist.
Ohne dich bringt nichts letzte Erfüllung.
Du bist der Anfang und die Vollendung
der gesamten Schöpfung,
das höchste Glück, die ewige Liebe
und die Tiefe der Weisheit.
An dich glaube ich, auf dich darf ich hoffen
und mich immer verlassen.
Alles, auch meine geheimsten Wünsche,
darf ich dir anvertrauen.

Nicht nur in meinem Gebet bist du, Herr,
mir immer vor Augen und in meinem Herzen,
sondern überall und für alle Zeit.
Segne meine Seele und heilige sie
mit deinem himmlischen Segen,
damit sie rein und erleuchtet wird
und du immer in mir sein kannst.
Du bist reich an Erbarmen. Sei mir gnädig
und verzeih mir meine Sünden und

was in deinen Augen nicht recht war.
Verzeih mir, wenn ich dich aus dem Herzen verlor.

Erhöre mein Gebet und sei in meiner Nähe,
wenn ich mich einsam und allein fühle.
Bewahre meine Seele und beschütze sie
in zahlreichen Gefahren und Prüfungen,
die ich noch durchstehen muss.
Leite mich auf dem Weg des Friedens
und führe mich zum Vater, der Heimat
des ewigen Lichtes. Amen.

IV. Teil
Eins werden mit dir

Eins werden mit dir

Herr, schenke mir die Gnade, dir zu begegnen.
Ich möchte dir mein Herz öffnen und
dich auch in meine Seele aufnehmen,
so, wie sie es sich sehnsuchtsvoll wünscht.
Ich möchte alles tun, wenn du nur kommst.
Auf keine Stimme als auf die deine höre ich.

Die Begegnung mit dir soll so persönlich sein,
dass niemand von außen sie wahrnimmt.
Nichts soll mich ablenken, dein will ich sein.
Du wirst mit mir Mahl halten und ich mit dir.
Du wirst mit mir sprechen und ich mit dir –
wie es Liebende tun.

Um diese Gnade bitte ich dich, Herr.
Mein Herz sehnt sich, mit dir vereint zu sein.
Es wird nicht mehr an Vergänglichem hängen.
Durch die heilige Kommunion möchte ich
zu dir gelangen und dich lieb gewinnen.

Wann werde ich endlich ganz mit dir vereint
und von dir erfüllt sein, ohne dass sich
mein Ego in den Mittelpunkt drängt?
Lass mich eins mit dir werden und bleiben:
du in mir und ich in dir. Das ist mein Gebet.

Komm zu mir

Deine Worte sind Worte ewiger Wahrheit.
Ich möchte sie verwirklichen und treu sein,
denn zum Heil hast du sie uns allen gegeben.
Mögen sie mir in die Seele dringen
und dort lebendig sein und bleiben.

Deine Worte sind voll Güte und Liebe.
Sie berühren mein Herz und ziehen es zu dir.
Doch werde ich mir meiner Fehler bewusst;
sie halten mich von deiner Einladung ab.

Du sagst, ich solle trotzdem zu dir kommen,
um an der Fülle deiner Liebe teilzuhaben.
Du lädst mich liebevoll und gütig ein,
um vom Brot der Unsterblichkeit zu essen.

»Komm zu mir«, sagst du, »auch wenn es dir
schwerfällt und du eine Last zu tragen hast.
Ich werde dir Ruhe schenken.«
Deiner entgegenkommenden Einladung
kann ich trotz der Sünden nicht widerstehen.

Wer bin ich, Herr, dass ich es wagen darf,
zu dir zu kommen?
Die Himmel fassen dich nicht und du sprichst:
»Komm zu mir!«

Unfassbar – deine Liebe zu mir

Wie soll ich deine Einladung verstehen?
Ich wage es kaum, von mir aus
einfach zu dir zu kommen.
Nichts Gutes ist mir bewusst, auf das ich
verweisen und bauen könnte und was
mir Mut gäbe, vor dir, Herr, zu erscheinen.

Ich habe dich oft durch Undank beleidigt
und dich durch meine Sünden verstoßen.
Die Engel haben die größte Ehrfurcht vor dir,
Heilige beten dich an und du sprichst zu mir:
»Komm zu mir!«
Würdest du das Wort nicht zu mir sagen,
ich wagte es nicht, mich dir zu nähern.

Noach, Mose und Salomo

Noach baute viele Jahre an der Arche;
mit allen Arten von Tieren wurde er gerettet.
Wie soll ich mich in nur einer Stunde bereiten,
dich, Herr, würdig zu empfangen?

Mose, dein großer Diener und Freund,
baute die Bundeslade aus wertvollstem Holz.
Er vergoldete sie und legte die Gesetzestafeln
vom Berg Sinai als Heiligtum in sie hinein.
Und ich, einer unter vielen, darf den Urheber
des Gesetzes und den Spender des Lebens
in meinem Inneren empfangen?

Salomo, der weiseste unter den Königen,
baute sieben Jahre am Tempel zur Ehre Gottes.
Acht Tage dauerte die Einweihungsfeier mit
Friedensopfern, Tanz und Posaunenklang.
Dann ließ Salomo die Bundeslade aufstellen.

Darf ich dich da in mein Haus aufnehmen,
wo ich kaum fertigbringe, eine halbe Stunde
ohne störende Gedanken zu sein?

Was kann ich tun?

Herr, wie groß waren die Vorbereitungen
und die Askese deiner Getreuen,
bis sie imstande waren,
sich dir zu nähern, dir zu begegnen
und deine Gegenwart aufzunehmen!

Wie kurz ist dagegen die Zeit,
in der ich mich auf dich vorbereite?
Meine Unruhe ist groß
und selten bin ich gesammelt,
da mich immer ungute Gedanken
vom Wesentlichen trennen.

Was kann ich tun, damit nichts
mich von deiner Gegenwart ablenkt?
Wie soll ich mich verhalten,
wenn in der Stille der Vorbereitung
alte Eindrücke in mir aufsteigen
und sogar mein Herz besetzen?

Wie werde ich frei von Ballast,
den ich mit mir herumschleppe?
Ich möchte unbelastet,
frei und ganz offen sein für den,
der sein Kommen angesagt hat
und mir seine Liebe schenken möchte.

Den Weg bereiten

Im Alten Bund sind die Tafeln der Weisung Zeichen, dass du deinem Volk nahe bist. Im Neuen Bund der ewigen Liebe hast du uns dein Wort ins Herz geschrieben und hast dich, Mensch geworden, für uns hingegeben. Der Alte Bund war ein Vorausbild, denn alle früheren Opfer finden im Opfer deines Leibes und Blutes ihre Erfüllung.

Wer bin ich, Herr, dass mich deine Gegenwart nicht stärker begeistert und mein Herz berührt? Denke ich nur an mich selbst und mache mich in allem zum Mittelpunkt? Warum bereite ich mich so wenig auf dich und den Empfang deiner Gnaden vor?

Was taten nicht alles die Heiligen für dich, um dir den Weg in ihr Herz zu bereiten! Sie wurden nicht müde, deinen geheiligten Namen zu verehren, indem sie ihn anriefen, um sich auf den Gottesdienst vorzubereiten.

Sakrament der Liebe

König David tanzte mit ganzer Hingabe
vor der Bundeslade Gottes und mit
seinem Gesang von der Errettung Israels
lobte er Gott und gab ihm Ehre.
Er ließ Musikinstrumente bauen und
verfasste Psalmen, die er selbst sang.
Er lehrte das Volk, Gott zu verehren
und seine Größe alle Tage
in Lob- und Dank-Gebeten kundzutun.

Wenn im Alten Bund Gott in dieser Fülle
bereits verehrt wurde: Wie viel mehr müsste
ich dann für dich, Herr Jesus Christus, tun,
da du mit mir bist und mich auf allen Wegen
meines Lebens begleitest! In deinem Kommen
schenkst du dich mir im Sakrament der Liebe.

Der Empfang des Leibes Christi

Viele Menschen wallfahrten überall hin,
um Heilige und heilige Stätten zu besuchen.
Sie staunen über alles, was sie erfahren,
und einige können nie genug bekommen.
Sie besuchen Kirchen über Kirchen.

Du bist hier zugegen im Sakrament des Altars,
ohne dass ich dich in der Fremde suchen muss.
Du bist anwesend, Schöpfer der Schöpfung.
Du, Herr, Sieger über Dunkelheit und den Tod,
begleitest mich und bist immer für mich da.

Bei vielen Pilgern spielt Neugier eine Rolle.
Sie möchten viel sehen, doch zur tiefen Ruhe
kommen möchten sie nicht. Oft bleibt bei
ihnen so die geistliche Erneuerung aus.
Wo das Geheimnis des Glaubens gefeiert wird,
das Gedächtnis des Todes und der
Auferstehung Jesu Christi,
bist du im Brot des Lebens gegenwärtig.

Um dich zu finden, brauche ich nicht zu reisen,
sondern nur mein Inneres vorzubereiten auf
dein leises und liebevolles Kommen.
Es bewegt mich weder Neugier noch Wissen,
sondern der Wunsch, im Glauben zu wachsen
und dich und deine unendlich große Liebe
würdig zu empfangen und zu verschenken.

Geheimnis der Liebe

Gott, du unsichtbarer Schöpfer der Welt,
wie wunderbar handelst du an uns allen.
Wie gütig und liebevoll sorgst du für uns,
indem du dich selbst im Sakrament der
Liebe zur Speise gibst und dich mit uns
vereinst. Das Geheimnis deiner Liebe
übersteigt jede Vorstellung und alles Denken.

Ich danke dir für die Fülle der Gnaden,
die ich durch dieses allerheiligste Sakrament
der Liebe empfangen darf.
Es hilft, mein gesamtes Leben zu bessern
und im Glauben und in der Liebe zu wachsen.

Gnade, die von diesem Sakrament ausgeht,
ist tief und geheimnisvoll.
Wer würdig, Herr, deine Gaben empfängt,
kann den Sinn deiner Worte verstehen.
Das, was der Seele im Laufe der Geschichte
verloren gegangen ist, erhält sie zurück,
sodass ihre Schönheit wieder aufleuchtet.
Die Gnade beflügelt nicht nur Geist und Seele,

sondern sie schenkt auch dem Körper
Gesundheit und neue Lebenskräfte.
Herr, ich bin dir unendlich dankbar,
dass du mein Leben erneuerst.

Offen für die Wunder deiner Liebe

Bei diesem Angebot deiner Liebe, Herr,
ist mein Verhalten oft nachlässig und grob.
Gehe ich zu deinem Tisch, ist es mir nicht
immer bewusst, was geschieht und wer mir
in dieser Wahrheit entgegenkommt.
Auf dich setze ich meine ganze Hoffnung,
denn du hast mir große Gnade erwiesen.

Du bist die Quelle allen Lebens,
unser Heil und unsere Erlösung.
Warum gehen viele Menschen
an diesem heilbringenden Geheimnis,
das die Erde wieder mit dem Himmel
verbindet, nur so achtlos vorbei?
Viele sehen ausschließlich sich selbst
und haben hohe Erwartungen an andere,
doch für die Wunder, die täglich geschehen,
öffnen sie das Herz und ihre Seele nicht.

Für das Geschenk deiner barmherzigen Liebe
sind viele wegen Blindheit nicht empfänglich.
Oft schleicht sich aber auch bei denen,

die dich häufig in der Kommunion empfangen,
eine fahrlässige Gleichgültigkeit ein.
Auch bei mir ist oft eine solche Verflachung.
Herr, du lädst mich ein zu deinem Mahl.
Hilf mir, mich in aller Ruhe vorzubereiten,
damit ich dich würdig empfange.

Empfang der Kommunion

Würde das Geheimnis des Glaubens,
die Feier deines Todes und der Auferstehung,
nur an einem Ort auf der ganzen Welt gefeiert:
Wie würden die Menschen sich sehnen,
an diesem Geheimnis Anteil zu nehmen.
Wir dürfen das Opfer Christi überall feiern,
damit sich die Gnade allen Menschen guten
Willens reicher offenbart und schenkt.

Herr Jesus, ich danke dir für deine Liebe,
die du mir trotz vieler Sünden nicht entziehst.
Du stärkst mich mit deinem Leib und Blut
und lädst mich immer wieder zum Empfang
dieses heiligen Geheimnisses der Liebe ein:

Kommt alle zu mir, die ihr euch plagt
und schwere Lasten zu tragen habt.
Ich werde euch Ruhe verschaffen.
Dir, Herr, sei Lob, Preis und Ehre.

Du hast mich gerufen

Im Vertrauen auf deine Barmherzigkeit
komme ich zu dir, denn du hast mich gerufen.
Ich komme als Suchender zu dir, meinem Heil,
als Durstiger zur Quelle des ewigen Lebens,
als Geschöpf zu seinem Schöpfer.
Es ist etwas ganz Großes und Unfassbares,
dass du dich den Menschen aus Liebe hingibst.
Habe ich es verdient, zu dir zu kommen?

Ich habe dich beleidigt, doch du stehst zu mir.
In deiner großen Liebe sagst du Ja zu mir.
Du weißt, wie schlimm es um mich stand.
Dir sind all meine Fehler und Sünden bekannt.
Ich sehe überall deine Güte und danke dir.
Ich danke dir für deine mir geschenkte Liebe,
die grenzenlos ist und alles durchdringt.

Da sie grenzenlos ist, schenkst du sie auch mir.
Du fügst alles zu meinem Besten und führst
alles zu Ende, womit ich begonnen habe.
Vieles ist nicht einsehbar, doch glaube ich dir.
Was auch geschieht: Ich ahne deine Liebe.

Lege mir, Herr, eine größere Liebe ins Herz.
Alles, was du mir schickst, will ich annehmen.
Schenke mir die Gabe der Unterscheidung,
damit ich mich für dich entscheiden kann,
auch dann, wenn meine Fehler im Weg stehen.
Nimm alle Hindernisse und Lasten von mir,
damit ich dich in mein Herz nehme.

Schweigen – wortlose Anbetung

Herr Jesus Christus, es ist für mich unfassbar –
und es wird auch für mich unfassbar bleiben –,
dass du mir im Abendmahl begegnest.
Niemand kann jemals dieses unfassbare
Geschehen begreifen.

Wie soll ich mich bei diesem Mahl verhalten,
zu dem du mich eingeladen und gerufen hast?
Schau nicht auf das Sündhafte in mir.
Schau auf meine guten Absichten, die da sind.
Sie sind begrenzt, doch nehme ich mir vor,
sie täglich vor dir zu erneuern und zu beleben.

Herr, wenn ich vor und zu dir bete,
geschieht es in Dankbarkeit und aus Liebe,
jenseits aller Gewohnheit und Riten.
Wenn Worte verstummen und ich schweige,
erkennst du mein Staunen vor deiner Größe.

Mein Schweigen ist wortlose Anbetung.
Mein Herr und mein Gott, im Ruhegebet
will ich mich öffnen, deinen Namen anrufen
und ihn betend über alles erheben.
Ich lobe dich und preise dich in Ewigkeit.

Himmlisches Gastmahl

Obwohl ich es nicht verdient habe
und nichts dafür spricht,
wendet sich der Höchste mir zu.
Herr, ich kann es nicht fassen,
dass du mich zu deinem Gastmahl lädst,
damit ich zu dir kommen kann,
um mit dir Mahl zu halten.
Du bist das Brot,
das vom Himmel herabgekommen ist
und der Welt das ewige Leben schenkt.

Deine Liebe, deine Güte
und deine Barmherzigkeit, Herr,
erleuchten die dunkelste Dunkelheit
im verschatteten menschlichen Herzen.
Du schenkst Wandlung zum Licht
und grenzenlose Freude.
Wie groß müsste unser Dank
und unser Lob dafür sein!

Heil und Segen schenkst du uns
durch die Teilnahme an deinem Mahl,
das du zu unserer Rettung
und aus Liebe zu uns eingesetzt hast.
Wie wunderbar ist dein Wirken,
wie mächtig deine Kraft,
wie trostreich dein Wort
und wie unerschütterlich deine Wahrheit.

Damit wir nie vergessen …

Es ist wahrhaft ein Wunder,
unbegreiflich für den Verstand,
dass du, Herr Jesus Christus,
wahrer Gott und wahrer Mensch,
unter der unscheinbaren Gestalt
von Brot und Wein zugegen bist.
Du, Herr des Weltalls, unser Gott,
willst durch dieses Sakrament unter uns
und in jedem von uns wohnen,
gegenwärtig sein und auch bleiben.

Erhalte meinen Leib, meinen Geist
und meine Seele gesund,
sodass ich das Geheimnis des Glaubens
mitfeiern und zu meinem Heil
und zum Heil der Welt empfangen kann.
Du hast die Eucharistie eingesetzt,
damit wir ständig neu Kraft schöpfen
und niemals mehr vergessen,
was deine Liebe an uns bewirkt.

Bereitung

Meine Seele freut sich über alle Maßen.
Ich danke dir für diese unendlich gute Gabe,
die du, Herr, in unsere Hände gelegt hast.
Denn sooft ich die Eucharistie mitfeiern darf
und das Brot des Lebens empfange,
erfahre ich Befreiung und Erlösung.
Die Kraft und Größe deiner Liebe
sind unendlich und nehmen niemals ab,
deine Barmherzigkeit bleibt unerschöpflich.

Ich nehme mir vor,
mich auf das Heilsgeheimnis vorzubereiten,
um deinen Leib und dein Blut würdiger
und dir angemessen zu empfangen.
Wenn ich den Gottesdienst besuche,
und auch für immer, wünsche ich mir,
dass diese heilige Handlung so wesentlich
und erfüllend für mich ist, als wenn du, Herr,
an diesem Tag Mensch geworden wärest,
Wunder gewirkt, die Kranken geheilt
und das Abendmahl eingesetzt hättest.

Danach bist du den Leidensweg gegangen,
hast für uns und unsere Sünden gelitten,
bist unschuldig ans Kreuz geschlagen worden
und hast den Tod auf dich genommen.
Geheimnis des Glaubens: Du hast ihn besiegt,
bist glorreich durch ihn hindurchgegangen,
um aufzuerstehen, in den Himmel aufzufahren
und dich zur Rechten des Vaters zu setzen.
Herr, gib mir deinen Segen vom Himmel her.

Zum Abendmahl

Ja, Herr, ich komme zu dir,
um beim heiligen Mahl
deine Gabe zu empfangen,
die du für mich bereitet hast.
Alles, wonach mein Herz sich sehnt,
finde ich ausschließlich und nur bei dir.
Du bist mein Heil und meine Erlösung,
meine Hoffnung und meine Zuversicht,
du bist meine Stärke und mein Ziel.

Erfreue und beruhige mein Herz,
denn zu dir erhebe ich meine Seele.
Ich möchte dich ehrfurchtsvoll,
würdig und liebend empfangen,
wenn du kommst und einkehrst
in das kleine Haus meines Lebens.

Wie Zachäus möchte ich gern
von dir gesegnet werden.
Meine Seele verlangt nach dir,
der geistlichen und göttlichen Speise.
Mein Herz möchte dich aufnehmen
und niemals und nimmer dich lassen.

Schicke auch mich nicht hungrig fort

Herr Jesus Christus, kehre bei mir ein
und alles Weitere wird sich bei mir fügen,
wie du es seit Anbeginn vorgesehen hast.
Deine Gegenwart stärkt und gibt neue Kraft.

Schmerzlich ist es, wenn ich mich nach dir
sehne, dich aber nicht erreichen kann.
Ohne dich ist meine Seele wie ausgetrocknet.
Es gelingt mir nichts und mein Leben ist hohl.
Ich möchte dir begegnen und dich empfangen,
sonst erliege ich auf meinem Lebensweg.

Du hast bei der Speisung der vielen gesagt:
Ich will sie nicht hungrig wegschicken,
sonst brechen sie unterwegs zusammen.
Herr, schicke auch mich nicht hungrig fort.
Du hast das Sakrament der Liebe eingesetzt,
damit wir nicht allein und hungrig bleiben.
Du erfüllst die tiefste Sehnsucht meiner Seele.

Wer dich empfängt, hat teil an deinem Leben.
Oft jedoch erlahme ich, bin träge und versage.
Ich falle allzu schnell und leicht in alte Fehler.
Damit entferne ich mich von dir und leide.
Um in deiner liebenden Nähe zu bleiben,
möchte ich täglich das Ruhegebet beten,
mir einen geistlichen Begleiter suchen
und häufiger zur heiligen Kommunion gehen.
Das Sakrament befreie mich von allem Dunkel
und erneuere meinen Geist und meine Seele.

Hoffnung auf das ewige Leben

Jeder sehnt sich nach religiöser Erfüllung.
Wenn er sich auf den Weg zum Heil begibt,
kommt ihm etwas ganz Großes, Lichtes
und Wesentliches entgegen.

Du bist es, Herr, der in der Feier der heiligen
Eucharistie auf mich wartet.
Durch deine Gnade richtest du mich auf,
sodass ich überall aufrichtig sein kann.
Du bewahrst mich vor dem Bösen
und stärkst das Gute in mir.

Trotzdem bin ich oft nachlässig und lieblos.
Zum Empfang deiner Liebe möchte ich mich
besser, sorgfältiger und liebevoller vorbereiten
und mich deiner Gnade würdiger erweisen.

Was geschähe, wenn ich deiner Einladung
zum Gastmahl der Liebe nicht folgen würde?
Mein Leben wäre unruhig und sinnentleert.
Für die Seele ist der Empfang des Abendmahls
ein Verweilen in der ursprünglichen Heimat,
geistliche Stärkung und Hoffnung auf Ewiges.

Herr des Himmels und der Erde

Deine Liebe zu uns, Herr, ist so groß, dass du,
der Schöpfer der Welt und Quelle des Lebens,
in einer schwachen Seele wie meiner einkehrst
mit der Fülle deiner Gottheit und Menschheit.
Wie darf sich der Mensch darüber freuen,
der dich, seinen Herrn, würdig empfängt
und überströmen darf vor geistlicher Freude!

Die Seele nimmt den Herrn des Himmels auf,
einen Freund, bei dem sie sich zu Hause fühlt,
behütet und beschützt, geborgen und geliebt.

Himmel und Erde, Engel und alle Geschöpfe
halten staunend den Atem an,
wenn du leibhaftig in unserer Mitte erscheinst.
Alles Geschaffene stammt aus deiner Hand.
Da die Schöpfung auf den Schöpfer verweist,
ist deine Herrlichkeit, Herr, weitaus größer
als alles von dir Geschaffene.

Segne mich

Herr, segne mich,
bevor ich zu deinem Tisch gehe,
damit ich das Sakrament
deiner Liebe würdig empfange.
Befreie mich von Hindernissen,
die im Wege stehen.
Nimm von mir alle Trägheit
und die Kälte meines Herzens.
Lass immer neu mich
deine heilbringende Gnade erfahren,
die vom Sakrament,
dem Quellgrund deiner Liebe, ausgeht.

Erleuchte die Augen meiner Seele
und mache sie hell,
damit ich dieses große Geheimnis
deiner Liebe schauen kann.
Stärke meinen Glauben,
damit keine Zweifel mich überfallen.
Du, Herr, hast dieses Sakrament
aus Liebe eingesetzt, nicht der Mensch.

Niemand vermag dieses Geheimnis
deiner Liebe zu fassen,
selbst die Engel im Himmel
stehen staunend und anbetend davor.

Du hast mich gerufen

Herr, Jesus Christus, du hast mich gerufen
und so komme ich mit guten Vorsätzen
und fest an dich glaubend zu dir.
Ich weiß, dass du wahrhaftig
in diesem Sakrament zugegen bist –
als Gott und als Mensch.
Du möchtest, dass ich dich empfange
und eins werde mit dir.
Ich bitte dich aus ganzem Herzen:
Schenke mir die besondere Gnade,
dass ich mich selbst verlassen
und mich dir voll Vertrauen
und ohne zu denken hingeben kann.

Dieses höchste, heiligste
und einzigartige Sakrament deiner Liebe
bringt Heil für Leib und Seele,
befreit mich von meinen Fehlern,
ist Arznei gegen jede geistliche Lähmung
und vertreibt allen Unmut,
kultiviert ungute Leidenschaften,
hält Versuchungen von mir fern,

heilt mit himmlischer Kraft den Schaden,
der durch Sünde entstand,
vergrößert meinen Glauben,
stärkt meine Hoffnung
und entflammt meine Liebe zu dir,
damit sie überströmen
und sich maßlos verschenken kann.

Du

Viel Gutes, Herr, hast du denen geschenkt,
die dich empfangen, und du schenkst es allen,
die auch weiterhin vertrauend zu dir kommen.
Auch ich darf immer neu Gnaden empfangen,
indem du die Seele aufrichtest, Verwundetes
heilst und mir innere Freude ins Herz legst.

Du bist die Zuflucht meiner Seele und
der Heiland meiner Schwäche.
Du stärkst mich mit neuer Lebenskraft und
bist bereit, jedem in jeder Not zu helfen.
Du führst mich aus der Dunkelheit
in das überhelle Licht deiner Liebe.
Du erhebst mich aus der Tiefe zu dir
und schenkst mir unendliches Vertrauen.
Du verleihst mir Hoffnung auf deine Hilfe.
Du beruhigst und erfreust, da du vergibst.
Du erleuchtest mein Inneres und die Seele
durch dein hell strahlendes Licht.

Wer sich auch vor der heiligen Kommunion
ohne Liebe fühlte, findet sich nach dem
Empfang wie umgewandelt und gebessert.
Deine liebevolle Zuwendung führt mich
immer wieder auf den rechten Weg zurück.
Du lässt mich erfahren, was Wahrheit ist.
Oft kam ich hart, kalt und unbeständig zu dir
und du, Herr, hast mich befreit und gewandelt
und mir neues Leben geschenkt.
Gibt es jemanden, der sich dir nähert,
ohne von dir reich beschenkt zu werden?

Wer steht schon am Feuer, ohne von ihm
erwärmt und durchglüht zu werden?
Du, Herr, gleichst einem nie erlöschenden
Feuer, das alle Herzen an sich zieht und
mit deiner unendlichen Liebe entflammt.

Allen wirst du Ruhe schenken

Wenn es mir jetzt noch nicht vergönnt ist,
aus dem Quell des Lebens zu schöpfen,
so bin ich doch überaus glücklich und dankbar,
wenn du, Herr, mich ein wenig trinken lässt,
um meinen größten Durst zu stillen.

Wenn mein Herz noch nicht vor Liebe brennt,
wie es von deinen heiligen Engeln gesagt wird,
so bitte ich dich ganz herzlich darum,
dass mich ein Funke deiner Liebe berührt.

Herr, ich habe mir vieles vorgenommen,
doch recht wenig davon verwirklicht.
Ergänze das Fehlende und vollende es.
Du bist bereit, zu jeder Zeit zu mir zu kommen.
Meine Sehnsucht ist es, in dir Ruhe zu finden.
»Maranatha!« – Komm, Herr Jesus!

Mache mein Herz weit

Es verkrampft sich mein Herz vor Angst –
Angst vor dem Leben.
Vielen Forderungen bin ich nicht gewachsen.
Ich fürchte mich vor dem Versagen.
Herr, mit allem, was mir auf dem Herzen liegt
und mich bedrückt, komme ich zu dir.
Es tut mir unendlich gut, Sorgen und Ängste,
Fehler und Sünden vor dir auszusprechen und
alle Dunkelheit bei dir abzuladen.
Du bist der Einzige, vor dem ich bedenkenlos
alles sagen und mein Herz öffnen kann.

Ins Gebet der Hingabe kommen Erinnerungen
und Aufgaben, von denen ich glaubte,
sie längst gelöst und verarbeitet zu haben.
Alte Versuchungen fordern mich heraus,
schlechte Gewohnheiten und Neigungen halten
mich gefangen, sodass ich unfähig bin,
klar zu denken und etwas Gutes zu tun.

Bei alldem bist du es, an den ich mich wende.
Befreie mich von der deprimierenden Last,
die mich quält und zu Boden drückt.
Alles übergebe ich dir und lege mich im Gebet
vertrauend in deine väterlichen Hände.
Herr, erlöse mich von allem Bösen und
gestalte mein Leben neu im Heiligen Geist.
Lass mich im Gebet deinen Namen anrufen
und du wirst das Angesicht der Erde erneuern.

Ich lobe dich, ich preise dich und sage Dank.
Ganz gleich, was ich an Ungutem getan habe:
Du gibst mir deinen heiligen Leib und dein
heiliges Blut zur Speise und zum Trank.
Ziehe mich zu dir und mache mein Herz weit.
Lass mich nach jedem Gebet und dem Besuch
der Messe ein besserer Mensch werden.

Gottheit tief verborgen

Was, Herr, kann ich noch verbessern,
um vorbereiteter zu deinem Tisch zu gehen?
Du bist der Höchste, ich ein einfacher Mensch.
Oft überfällt mich Furcht vor deiner Größe.
Fliehe ich, falle ich wieder in deine Hände.

Du weißt alles und kennst mich. Zeige mir
den rechten Weg und zeige mir, wie ich auf
ihm schnell und sicher fortschreiten kann.
Nehme ich nicht am Abendmahl teil,
überfällt mich Traurigkeit und die Kluft
zwischen dir und mir wird breiter und tiefer.
Was soll ich nur tun, mein Herr und
mein Gott, mein Helfer und mein Retter?

Gib mir Weisung und Rat und lehre mich,
wie ich mich auf dein Kommen vorbereite.
Wie bereite ich mein Herz für deinen Besuch,
um dein Sakrament würdig zu empfangen?
Gottheit tief verborgen, betend nah ich dir.

Das Feuer deiner Liebe

Herr, alles im Himmel und auf Erden ist dein.
Ich möchte mich im Gebet dir schenken
und in der Aktivität versuchen, im Denken
und all meinem Tun deinen Willen zu erfüllen.
Du zeigst mir den Weg und führst mich weiter.

Durch die Anrufung deines heiligen Namens
lasse ich mich selbst los und gebe mich dir hin,
damit du mich mit deiner Liebe erfüllst.
Was gibt es Größeres und Höheres für mich,
als deinen Leib und dein Blut zu empfangen
und diese deine Hingabe dankbar zu erwidern?
Die Feier der heiligen Messe wird mir und
allen Menschen guten Willens zum Segen.

Herr, du siehst alles, was nicht gut war
in meinem und in unserem Leben.
In der Vorbereitung wird mir vieles bewusst,
was noch an Dunklem in mir verborgen ist.

Ich breite alles vor dir aus und bitte dich,
die Dunkelheit in mir zu belichten
und mit dem Feuer deiner Liebe das zu
verbrennen, was an Ungutem in mir ist.
Verzeih mir alles und gib mir deinen Frieden.

Bitte um Vergebung

Ich möchte frei sein von der Belastung der
Sünden, der ich mir voll und ganz bewusst bin,
und dich, Herr, aus ganzem Herzen bitten,
mir all das zu vergeben, was auf mir lastet.
Ich stehe vor dir mit dem Versprechen,
alles zu unterlassen, was mich bisher
von dir getrennt und mich belastet hat.

Ich möchte es schweigend annehmen,
wenn ich als Folge all meiner Sünden
leidvolle Stunden durchzustehen habe.
Verzeih mir, Herr, meine Vergehen
und erfülle mein Herz mit Licht und Freude.

Meine Seele verlangte immer nach dir
und hat im Verborgenen zu dir gerufen.
Ich habe lange ihre Sprache nicht verstanden:
Jetzt weiß ich um ihre Not und ihre Sehnsucht.

Du weißt, was für mich das Beste ist;
ich selbst kann es noch nicht einsehen.
Daher vertraue ich dir mein Leben an

und sage Ja zu dem, was du mir schickst.
Du hast ein gütiges und immer liebendes Herz,
und dein Erbarmen kommt mir entgegen.

Fürbitte

Neben den vielen dunklen Seiten,
die ich vor dir im Gebet ausgebreitet habe,
möchte ich mir auch das Gute in meinem
Leben bewusst machen und dir darbringen.
Wenn es auch wenig und unvollkommen ist,
so bitte ich dich, Herr, es anzunehmen.
Lenke alles Mangelhafte in mir zum Guten,
bewahre mich vor Rückschritten und lass mich
täglich neu deine Gegenwart erfahren.

Aber nicht allein für mich möchte ich beten,
sondern auch für all die lieben Menschen,
die mich auf meinem Lebensweg begleitet
und mir viel Gutes und Liebe erwiesen haben.
Erhöre die Bitten meiner Familie und Freunde.
Besonders bete ich für die Menschen,
die in Not und im Schatten des Todes sind,
für diejenigen, die durch ihre Schmerzen
zu dir keine Verbindung aufnehmen können,
und für die, die es nie gelernt haben zu beten.

Steh allen bei, auch den Verstorbenen,
die deiner liebenden Hilfe bedürfen.
Mögen sie deine helfende Gnade erfahren,
Schutz vor Gefahr und Befreiung vom Bösen.
Mögen sie von allem Übel befreit werden.
Mögen sie dich als Heiland und Gott erkennen,
um dich zu loben, zu lieben und dir zu danken.

Gib Gnade denen, die deiner Gnade bedürfen

Herr, ich möchte auch für diejenigen beten, die mich verletzt, betrübt, gekränkt und wiederholt beleidigt haben, die mir Schaden zufügten und mir Kummer bereiteten. Besonders bete ich auch für die Menschen, die ich selbst beunruhigt, bedrängt und belästigt habe, denen ich Ärgernis gab und denen ich Schaden zufügte.

Verzeihe uns allen in gleicher Weise unsere Sünden und die gegenseitigen Kränkungen. Nimm alles fort, Herr, was die Liebe verletzt, und befreie uns von jeglicher Verbitterung. Tilge alles, was die Reinheit des Herzens trübt.

Höre alle Menschen, die zu dir rufen, die sich nach deiner göttlichen Liebe sehnen und um deine Barmherzigkeit bitten. Gib allen Gnade, die deiner Gnade bedürfen. Mach uns feinfühlig, sodass wir deinen Willen und die wahre Größe deiner Gnade erkennen, damit wir zum ewigen Leben gelangen. Amen.

Gemeinsam Mahl halten

Du bist Liebe. Nach dir sehnt sich die Seele,
denn sie weiß, dass nur du ihre Sehnsucht nach
wahrer Liebe stillen kannst.
Ich folge deiner Einladung und komme
zum Tisch, den du für mich gedeckt hast.
Wir halten Mahl, du mit mir und ich mit dir.

Ich möchte aus Ergriffenheit weinen,
um alle Hindernisse auszuwaschen.
Mein Herz ist noch verhärtet wie ein Fels
und die Tür, an die du klopfst, verschlossen.

Mögen sich doch Herz und Tür öffnen,
denn ich möchte dir meine Liebe schenken.
Du, Herr, schenkst mir in der Fülle deiner
Gottheit – im Sakrament verborgen –
deine liebende Gegenwart.

Von Klarheit zu Klarheit

Dich in deiner göttlichen Klarheit zu schauen,
könnte unser Menschenauge nicht ertragen.
Dein göttliches Licht ließe es sofort erblinden.
Die ganze Schöpfung würde verbrennen,
wenn du deine Herrlichkeit offenbartest.

Du kommst mir in meiner Unvollkommenheit
entgegen und verbirgst dich im Sakrament.
Ich halte den Atem an und staune über
deine entgegenkommende große Liebe.
Du bist bei mir, der von den Engeln angebetet
und von ihnen in Herrlichkeit geschaut wird.
Sie dürfen dein göttliches Wesen schauen,
ich dagegen lebe noch im Glauben.
Eine leise Ahnung von deiner Herrlichkeit
hast du mir gegeben und damit meinen
Glauben erfahrbar und stark gemacht.

Du bereitest den Tag der Klarheit in mir vor.
Ich lebe in der Gewissheit, dass ich dich
schauen darf, wenn alle Schattenbilder der Zeit
und des Raumes in mir ausgeleuchtet sind.

In der Vollendung endet deine Verborgenheit. Dann darf ich deine Herrlichkeit sehen und deine Gottheit von Angesicht zu Angesicht.

Du führst uns von Klarheit zu Klarheit, bis wir in das Bild deiner Gottheit verwandelt werden. Das menschgewordene Gotteswort, Christus, wie er am Anfang war und in Ewigkeit bleibt, geleitet uns den Weg bis zur Vollendung.

Die Fülle deiner Herrlichkeit

Herr, mit dem Wunder deiner Liebe hast du mich erfüllt und mich reich gesegnet.
Ich kann es nicht fassen, doch glaube ich fest, dass du es bist, der mit der ganzen Fülle deiner Gottheit bei mir einkehrt.
Die Freuden dieser Welt verblassen, wenn du dich mir in deiner Herrlichkeit offenbarst.

Ich spreche diese Worte aus meiner Seele, deren Sehnsucht es ist, mit dir vereint zu sein.
Solange ich jedoch in der Welt bin, wird dieses Verlangen andauern, denn die Vollendung erwartet uns erst bei dir.
Oft bin ich in meinen Gedanken voraus und spüre schmerzlich die Kluft zwischen uns.

Du lehrst mich, Geduld zu üben und jeden Augenblick nach deinem Willen zu gestalten.
Alle, die du zu dir gerufen hast, mussten in großer Geduld und im stillen Glauben deiner Offenbarung entgegensehen.
Was sie erhofften, darauf hoffe auch ich;

an das, was sie glaubten, glaube auch ich;
was sie erwarteten, das erwarte auch ich;
wohin sie gelangten, dahin möchte auch ich.

Ich will deinen Weg mit dir gläubig gehen,
gestärkt und ermutigt durch die Heiligen.
Auch geistliche Bücher geben mir Weisung.
Du begegnest mir im Sakrament deiner Liebe
und gibst mir Kraft, nicht mehr zu sündigen.

Nahrung und Licht

... sind für unser Leben auf Erden notwendig.
Darum lässt du uns, Herr, dein Wort erfahren
und gibst uns deinen Leib zur Nahrung.
Der Körper wird gesund und die Seele licht.
Dein Wort ist meinem Fuß eine Leuchte,
ein Licht, das mir auf all meinen Wegen
als Weisung leuchtet.

Nahrung und Licht sind lebensnotwendig.
Dein Wort wird zum Licht, das mich leitet,
und dein Sakrament zum Brot für die Seele.
Ich danke dir, Herr, Licht vom ewigen Licht,
für dein Wort, das du neu zu uns sprichst.
Ich danke dir für das Sakrament der Liebe,
für deine Gegenwart, die du mir schenkst.

Das Abendmahl

Dank sei dir, Herr, Erlöser der Menschen,
für das Abendmahl, das du uns bereitest hast,
um der ganzen Welt deine Liebe zu schenken.

Dank sei dir, Herr, Erlöser der Menschen,
für dein Wort, das du uns zusprichst,
damit wir erfüllt werden vom Heiligen Geist.

Du wirst zum Diener aller und reichst dich
selbst uns zur Speise und zum Trank.
In diesem Mahl kommst du uns entgegen
und schenkst uns Gnade über Gnade.
Deine heiligen Engel empfangen das Brot
auf geistige Art, um mit dir verbunden zu sein.

Herr, wir bitten dich aus übervollem Herzen:
Lass uns die liebende Verbundenheit spüren,
selbst wenn wir uns von dir abwenden sollten.
Bleibe bei uns in jeder Versuchung und Not.
Gib uns die Gnade, auf ewig bei dir zu sein.

Lamm Gottes

Dem Priester ist es gegeben, dich zu bitten,
in der heiligen Messe in den Gestalten von
Brot und Wein leibhaftig zugegen zu sein.
Wir dürfen dieses heilige Geheimnis mitfeiern
und folgen dankend deiner Einladung,
dich in der Kommunion zu empfangen.

Herr, komm uns mit deiner Gnade zu Hilfe,
damit wir dir mit aufrichtigem Herzen dienen.
Du bist der sprudelnde Quell ewigen Lebens,
zu dem du uns rufst, um daraus zu trinken.
Wir hören auf dein Wort und bitten dich
um deine Liebe im Himmel wie auf Erden.

Lamm Gottes, du nimmst hinweg die
Sünden der Welt.
Lamm Gottes, du schenkst uns dein göttliches
Erbarmen.
Lamm Gottes, du gibst uns deinen ewigen
Frieden.

Wie meine Seele es sich wünscht

Herr, schenke mir die Gnade, dir zu begegnen.
Ich möchte dir mein Herz öffnen und dich
aufnehmen, wie meine Seele es sich wünscht.
Ich möchte alles tun, wenn du nur kommst.
Auf eine Stimme will ich hören, die deine.

Die Begegnung mit dir ist so verinnerlicht,
dass niemand von außen sie wahrnimmt.
Nichts soll mich ablenken, dir zu gehören.
Du wirst mit mir Mahl halten und ich mit dir.
Du wirst mit mir sprechen und ich mit dir –
ganz so, wie Liebende es tun.

Um diese Gnade bitte ich dich, Herr.
Mein Herz sehnt sich, mit dir vereint zu sein.
Es wird nicht mehr an Vergänglichem hängen.
Durch die Messe und die heilige Kommunion
komme ich zu dir und habe dich lieb.

Herr, wann werde ich ganz mit dir vereint,
ohne an mich und mein Ego zu denken?
Lass mich eins mit dir werden und bleiben:
Du in mir und ich in dir. Das ist mein Gebet.

Wie begeisternd ist dein Geist

Herr, ich glaube und bin fest davon überzeugt,
dass ich einmal für immer bei dir sein darf,
ohne mich jemals mehr von dir zu trennen.
Tiefer Friede und wahre Ruhe erfüllen mich
und werden mich nicht mehr verlassen.

Die sich von dir, Herr, abgewandt haben und
sich gottlos nennen, tun mir aufrichtig leid,
denn sie erleben die Fülle innerer Freude nicht.
Wie begeisternd und erneuernd ist dein Geist!
Um zu zeigen, wie unendlich deine Liebe ist,
speist du uns mit dem Brot des ewigen Lebens.

Außer dir ist niemand mir so nah wie du.
Wo und wann ich zu dir bete: Du bist zugegen.
Um mir deine göttliche Liebe zu schenken,
kommst du mir verborgen in Gestalt von Brot
und Wein entgegen und erfüllst mein Leben
mit unendlich guten Gaben.

Mein Leben wird zur einzigen Freude

Die Seele des verinnerlichten Menschen,
bei der du, Herr, einkehren möchtest,
ist in der gesamten Schöpfung bevorzugt.
Gibt es jemanden, der mehr Liebe empfängt?
Deine Gnade und Liebe sind unaussprechlich.
Und beides wird gerade uns Menschen zuteil.

Habe ich dein Entgegenkommen verdient?
Was kann ich dir zurückschenken, Herr?
Ich glaube eine mögliche Antwort zu fühlen:
Das größte Geschenk ist meine Hingabe.
Ja, meine Seele möchte ich dir überlassen,
damit du sie für immer mit dir vereinst.

Mein ganzes Leben wird zur einzigen Freude,
wenn meine Seele mit dir verbunden ist.
Dahin geht all mein Sehnen und Wünschen:
ganz eins zu sein mit dir, Herr – auf ewig.

Die Quelle ewigen Lebens

Wie unendlich groß ist deine Güte, Herr,
die du allen gewährst, die zu dir kommen.
Bin ich würdig, zu deinem Tisch zu gehen?
Ich kann mich selbst nicht ertragen, wenn ich
gefühllos, trocken und ungerührt dir begegne.

Oft fühle ich mich nicht zu dir hingezogen.
Mir fehlen Begeisterung und innere Freude.
Ich richte mein ganzes Leben nach dir aus,
doch fühle ich mich oft von dir nicht berührt.

Zusammenhänge sind mir klar geworden –
mein Herz jedoch hat sie noch nicht begriffen.
Du bist die Quelle allen Lebens und hast mich
beim Namen gerufen, um vom quellenden
Wasser des ewigen Lebens zu trinken.
Was fehlt, dass mein Durst nicht gestillt ist?

Bin ich in meinen Vorstellungen verhaftet,
anstatt wahrhaft die Quelle aufzusuchen?
Fehlt mir für das Wasser ein Schöpfgefäß
oder vermag ich es nicht, mich tief zu beugen,
um aus dem Quell des Lebens zu trinken?
Wird es die Demut sein, an der es mangelt?

Verwurzelt in deiner Güte

Viele haben einen glühenden Glauben,
der deine Gegenwart, Herr, bezeugt.
Ihr Herz glüht, sind sie mit dir unterwegs.
Wenn du ihnen bei Tisch das Brot brichst,
werden sie dich als den Herrn erkennen.

Von dieser Ergriffenheit bin ich weit entfernt.
Sei mir gnädig, mein Herr und mein Heiland,
sende mir nur einen Funken deiner Liebe
in mein Herz, dass es sich für dich entflammt.

So wird mein Glaube an dich neu belebt und
meine Zuversicht wird reichlich Wurzeln
schlagen in deiner übergroßen Güte.
Meine Liebe zu dir möge nicht erkalten,
wenn ich das Brot des Himmels empfange.

Beseele mich, Herr

Ich möchte nicht klagen, Herr, weiß ich doch um deine Barmherzigkeit und deine Geduld. Wie jeder Zeit kannst du mir Gnade gewähren und das Feuer deiner Liebe in mir entzünden.

In Geduld will ich auf dein Kommen warten, bis du mein Herz mit Freude erfüllst und meine Seele mit Licht überflutest. Alles Geschaffene ist verbunden mit dir und deine große Sehnsucht ist der Mensch.

Herr, führe mich schrittweise den Weg zu dir und hilf mir, zunächst mich selbst zu finden. Ich möchte dir inniger und dankbarer in der heiligen Eucharistie begegnen und bitte dich, die Liebessehnsucht in mir zu entzünden. Bleibe bei mir, Herr, und beseele mich mit deiner Liebe, damit ich in die Gemeinschaft der dich Liebenden aufgenommen werde.

Mit dir darf ich reden

Du übertriffst alles an Liebenswürdigkeit,
vor allem aber an entgegenkommender Liebe.
Alles, was liebenswürdig ist, kommt von dir.
Ich möchte dich würdig empfangen.
Du kennst meine Schwächen und Fehler;
du weißt, worunter ich immer wieder leide
und wie schlecht ich mich oft fühle.

Ich komme zu dir, weil du mit leiser Sprache
mein Innerstes ansprichst und berührst,
weil du bei mir einkehren möchtest.
Nimm mich an, wie ich vor dir stehe, und
heile und befreie mich von allem Übel.
Um Ermutigung im Glauben zu erfahren,
rufe ich häufig deinen Namen an.

Mit dir, der um mich weiß, darf ich reden,
mit dir, dem mein Innerstes bekannt ist.
Du richtest mich auf und heilst Wunden,
Komm, Herr Jesus, mache mein Herz weit
und die Seele licht.

Ziehe mich zu dir

Arm stehe ich vor dir und bitte um Erbarmen.
Richte mich wieder auf, denn ich bin gebeugt.
Entzünde das Herz durch das Feuer der Liebe,
erleuchte meine Blindheit durch dein Licht.

Lass mich das Unvermeidbare geduldig tragen
und all das verzeihen, vergeben und vergessen,
was man mir angetan und aufgeladen hat.
Herr, wandle Schmerz und Leid in Freude und
alle Dunkelheit auf der Welt in Licht.
Lass mich nicht verzweifelt das außerhalb
von mir suchen, was in mir selbst zugegen ist
und ich nur im Inneren finden kann.

Ziehe mich zu dir durch deine Liebe,
erfülle und erleuchte mein Herz und
lass mich nicht wahllos in der Welt suchen,
was ich in ihr niemals finden kann.
Du bist das höchste Gut meines Lebens,
ich möchte dich niemals mehr verlieren.
Vom Kreuz her sagst du zu mir:
Wenn ich über die Erde erhöht bin,
werde ich alle zu mir ziehen.

(Johannes 12,32)

Eins werden durch innere Einigung

Möge, Herr, deine Gegenwart
alles Schlechte in mir ausbrennen
und mich in dich verwandeln,
damit mein Geist durch die Gnade
innerer Einigung eins werde mit dir.

Lass mich nicht hungrig
und kraftlos von dir gehen,
sondern reiche mir die Hand
und schenke mir und allen
dein liebendes Entgegenkommen.

Du, Herr, bist wie ein Feuer,
das immer und ewig brennt.
Du bist die Liebe,
die das Herz reinigt
und den Verstand erleuchtet.
Es bedeutet mir alles,
von dir so ergriffen zu sein,
dass mein Herz vor Liebe brennt.
Lass mich eins werden mit dir –
mit dir vereint sein für immer.

Du, die höchste und ewige Liebe

Herr, ich danke dir aus vollem Herzen
für dein liebendes Entgegenkommen.
Du hast mich so wunderbar
auf dein Kommen vorbereitet.

Du, der um mich weiß,
mein Herz mit Liebe erfüllt,
mich empfindsamer gemacht
und meine Sehnsucht,
dich zu empfangen, vergrößert.

Du, Herr, bist mein Gott,
die höchste und ewige Liebe.
Du hast meine engen Grenzen gesprengt
und mir alle Angst genommen.

Viele Menschen hast du
auf diesen Weg gerufen;
du hast ihnen ihr Leben klargemacht
und deine Liebe offenbart.
Dank deiner großen Güte
darf ich mich zu ihnen zählen –
und mit ihnen erwarte ich
voller Sehnsucht dein Kommen.

Maria, Mutter Gottes

Ist auch das, Herr,
was ich dir entgegenbringe, gering,
so opfere ich dir doch
die ganze Liebe meines Herzens.
Mein Sein, all mein Wünschen,
Fühlen und Denken biete ich dir freudig an.
Nichts möchte ich dir vorenthalten –
mich selbst möchte ich dir in Liebe opfern.

Mein Herr und mein Gott,
mein Schöpfer und mein Erlöser,
so herzlich und ehrfürchtig,
so dankbar und liebevoll,
mit so viel Glauben, Hoffnung und Liebe
möchte ich dich heute aufnehmen,
wie dich deine Mutter Maria ersehnt hat,
als ihr der Engel die Botschaft brachte
und sie demütig und bejahend antwortete:
Ich bin die Magd des Herrn;
mir geschehe, wie du es gesagt hast.

Johannes der Täufer

Ich möchte dich empfangen wie Johannes,
der vor Freude schon im Mutterschoß jubelte,
als er dich im Leib deiner Mutter spürte.

Berührt und beseelt begegnete er dir später:
»Der Freund des Bräutigams aber,
der dabeisteht und ihn hört, freut sich über
die Stimme des Bräutigams. Diese Freude
ist nun für mich Wirklichkeit geworden.«

Von dieser Freude möchte ich beseelt werden.
Waren nicht alle begeistert, die auch nur einen
Funken deiner Liebe in sich spürten,
der die Liebe entflammte für dich?

Der Jubel Johannes des Täufers ist vielen
zur Freude und zum Lobpreis geworden.
Sie durften übernatürliche Kräfte erfahren,
einen Vorgeschmack auf den Himmel.

Herr Jesus Christus, alle, die dich im Himmel
und auf Erden erkannt haben, loben und
preisen dich allezeit und sagen dir Dank.
Mit ihnen vereint möchte ich deinen
allerheiligsten Namen ehren und dich anbeten.
Komm allen zu Hilfe und segne sie,
die dich um deine Barmherzigkeit bitten.

Bleib bei uns mit deiner Gnade

Du, Herr, kommst meiner Sehnsucht entgegen.
Nimm das Opfer an und schenke mir die Kraft,
mein Wort und mein Versprechen zu halten
und dich nicht zu beleidigen oder zu täuschen.

Lass mich, Herr, in deiner Liebe bleiben
und ich werde niemals mehr von dir getrennt.
Ich sage mit allen Engeln und allen Gläubigen
dir täglich und immer Lob und Dank.

Alle Völker und Nationen sollen dich loben
und deinen Namen ohne Unterlass preisen.
Alle, die das Sakrament der Liebe empfangen,
mögen Gnade und Erbarmen bei dir finden.

Ich schließe mich diesem Wunsch an.
Wenn wir nach der sakramentalen Begegnung
von deinem Tisch zurückkehren ins Leben,
möge deine Gnade für immer bei uns bleiben.

Rückkehr

Herr, in deiner überreichen Liebe,
die uns überall entgegenkommt,
öffnest du uns neue Wege zum Leben.
Immer neu und ohne nachzutragen
gibst du uns überreiche Vergebung.
Das größte Geschenk, das du uns machst,
besteht in deinem liebenden Angebot,
immer zu dir zurückkehren zu dürfen.

Schenke uns ein weites und liebendes Herz,
der Seele deiner Geschöpfe ewiges Leben
und erfülle uns mit deinem Heiligen Geist.
Mögen wir uns niemals von dir trennen,
nachdem du uns in dich aufgenommen hast.
Du hast die Seele des Menschen ausgesucht,
um in ihr für immer gegenwärtig zu sein.
Deine Liebe ist unaussprechlich, ohne Ende.

Was kann ich dir, Herr, zurückgeben?
Das größte Geschenk an dich ist Hingabe.
Ja, meine Seele möchte ich dir überlassen,
damit du sie für immer mit dir vereinst.

Mein Leben wird zu einer einzigen Freude,
wenn meine Seele mit dir verbunden ist.
Mein ganzes Wünschen besteht darin,
ganz eins zu sein mit dir und es zu bleiben.

Dir, Herr, sei Lob und Dank,
jetzt und in alle Ewigkeit. Amen.

Verzeichnis der Rembrandt-Bilder

1. Kreuzigung (Johannes 19,25–27)
   »Geöffnete Hände«
2. Maria und Marta (Lukas 10,38–42)
   »Einsicht«
3. Abraham (Genesis 17,1)
   »Sei ganz«
4. Versuchung Jesu (Matthäus 4,1–11)
   »Versuchungen widerstehen«
5. Bettler (Markus 10,46)
   »Begegnung«
6. Bekehrung des Paulus (Apostelgeschichte 9)
   »Hören und Sehen«
7. Am Tisch in Emmaus (Lukas 24,13–15)
   »Den Weg gehen«
8. Jesus am Ölberg (Lukas 20,43)
   »Ruhegebet«
9. Raphael und Tobias (Tobit 6,3)
   »Unendliches Entgegenkommen«
10. Der verlorene Sohn bei den Schweinen (Lukas 15,16)
    »Brot der Engel«

11. Auf dem Weg nach Emmaus (Lukas 24, 13–15) »In dir Ruhe finden«
12. Anbetung (Matthäus 2,11) »Weisung zum Ziel«
13. Engel Gabriel (Lukas 1,26–30) »Über alles hinaus zu dir«
14. Bauer mit Kind und Frau »Gabe und Aufgabe«
15. Offenbarung auf dem Wasser (Matthäus 14,22–23) »Ich rief deinen Namen«
16. Sturm auf dem See (Matthäus 8,23–24) »Deine gütige Hand«
17. Jesus heilt einen Aussätzigen (Matthäus 8,1–4) »Begegnung mit dir«
18. Bekenntnis der Jünger (Matthäus 14,33) »Bekenntnis«
19. Kreuzigung (Johannes 19,34) »Lass mich seufzen vor dir«
20. Petrus in Ketten (Apostelgeschichte 12,6–11) »Wann kommt die Zeit?«

21. Der ungläubige Thomas
(Johannes 20,26–29)
»Herr, segne mich«
22. Adam und Eva (Genesis 3,6)
»Sende aus deinen Heiligen Geist«
23. Jesus erscheint Maria von Magdala
(Johannes 20,16–17)
»Bleibe bei mir«
24. Auferweckung der Tochter des Jairus
(Matthäus 9,23–26)
»Du bist der Herr, mein Arzt«
25. Arche Noach (Genesis 7,1–6)
»Noach, Mose und Salomo«
26. Abendmahl (Matthäus 26,26–28)
»Empfang der Kommunion«
27. Jesus und die Samariterin
(Johannes 4,7–15)
»Schicke mich nicht hungrig fort«
28. Das Zeugnis des Simeon (Lukas 2,27–32)
»Das Feuer deiner Liebe«
29. Fußwaschung (Johannes 13,5–11)
»Das Abendmahl«
30. Am Jakobsbrunnen (Johannes 4,7–15)
»Die Quelle ewigen Lebens«

31. Jesus in Emmaus (Lukas 24,13–15)
»Verwurzelt in deine Güte«
32. Jesus und die Schächer (Johannes 12,32)
»Ziehe mich zu dir«
33. Maria mit Kind (Lukas 2,6–7)
»Maria, Mutter Gottes«
34. Johannes der Täufer (Matthäus 3,13–17)
»Johannes der Täufer«
35. Rückkehr des verlorenen Sohnes
(Lukas 15,11-32)
»Rückkehr«